Again, Gone with the Wind

다시,
바람과 함께
사라지다

스칼렛 오하라를 사랑하시나요?

전편

다시,
바람과 함께
사라지다

스칼렛 오하라를 사랑하시나요?

전편

글◇현종희 그림◇임희선

머리말

<바람과 함께 사라지다>의 주인공, 멜라니 해밀턴의 사랑과 야망에 대한 이야기

<바람과 함께 사라지다>만큼 미국인들, 세계인들, 그리고 한국인들에게 사랑받아 온 이야기가 있을까요? 그런 소설이나 그런 영화는 몇 있을지 몰라도, 둘 다는 있을 수 없지요. <바람과 함께 사라지다>는 주인공 스칼렛의 뛰어남을 그대로 갖추었습니다. 스칼렛처럼 반짝반짝 빛나고, 거침이 없고, 삶에 대한 열정으로 가득하죠. 그리고 무엇보다, 사건들을 '직선적이며 단순하게' 바라보는 태도가 스칼렛 오하라와 꼭 닮았습니다.

이 이야기를 사람들이 매우 재미있어했음에도, 평론가들은 <바람과 함께 사라지다>를 부정확하고 불필요하게 감상적이며, 사유의 깊이가 없는—쉽게 말해 생각이 없는 작품으로 평가했습니다. 한 마디로 '통속적'이라는 딱지를 붙인 것입니다.

하지만 저 '통속적'인 것만큼 재미있는 것이 세상에 또 어디 있겠어요? <바람과 함께 사라지다>는 오랫동안 제 길티 플레저 (guilty pleasure, 어떤 것을 죄책감을 느끼면서도 좋아함)였습니다. 심심할 때마다 한 번씩 보는, 그런 영화였죠. 그런데 그러던 어느 순간, 영화를 한 100번쯤이나 보았을 때였을까요, 그 통속성이 반전되기 시작했습니다.

통속적인 작품에서 가장 진부하다고 평가받는 인물이, 작품에 의외성과 깊이를 부여하고 있었던 게 아니겠어요. 바로 스칼렛의 현모양처 스타일 친구이자 '내 남자의 여자', 멜라니 해밀턴입니다.

멜라니에게는 많은 비밀이 있지요. 이제 저는 3천만 이상의 독자들이, 2억 이상의 관객들이 미처 깨닫지 못했던 비밀들을 여러분과 함께 살펴볼 것입니다. 그것이 무엇일까 궁금하시겠죠? 본문에서 말씀드려야 할 비밀이지만, 하나만 살짝 알려드리죠. 멜라니는 스칼렛을 사랑합니다!

  멜라니는 이야기의 깊이를, 그리고 문제의 이면을 담당합니다. 이 책의 마지막에 다다랐을 때, 여러분은 한 작품이 부정확하면서도 정교할 수 있음을, 감상적이면서도 냉정할 수 있음을, 아무 생각을 하지 않으면서도 그 생각을 구현할 수 있음을 발견하실 것입니다.

  그렇습니다. 이것은 단순하면서도 복잡한 이야기입니다. 가볍고도 무거운 이야기입니다. 뜨거운 아이스크림 같다고요? 바로 그것이 가능한 점이 <바람과 함께 사라지다>의 진정한 아름다움이지요.

  멜라니라는 캐릭터는 오늘날의 우리에게도 많은 시사점을 줍니다. 그 이유란 그이가 지금 우리 시대의 문제성을 치열하게 반영하고 있어서이죠. 바로 현대 자본주의사회에 대한 불만을요. 이 책은 원작의 그런 무거움을 분명히 드러내려 애쓰지만.

  그럼에도 원작의 가벼움과 발랄함을 아울러 사랑합니다. 원작의 가장 강력한 강점인, 직관적인 단순함은 비주얼리제이션, 즉 영상화의 가장 큰 성공 요인이었겠는데요. 원작의 그런, '눈에 보이는' 개성을 이 책은 열심히 활용할 것입니다. 그림과 사진들, 일명 '짤'을 동원해서요. 원작 못지않게 쉽고 편안한 독서가 되도록 여러분을 안내해드릴 것입니다.

  이 이야기는 맨 처음 트위터에 연재되었습니다. 종이책으로 다시 엮는 과정에서, 시각적으로도 아주 향상된 결과물을 보아 더없이 기쁘네요. 이 책이 나올 수 있도록 애써주신 분들께, 그리고 누구보다, 지금부터 읽어주실 여러분께, 깊은 감사를 드립니다.

2020년 12월, 현종희

추천사

<바람과 함께 사라지다>를
인종차별적이라 여기는 당신에게

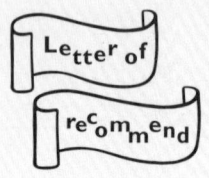

미국의 소설가 마거릿 미첼(1900-1949)의 1936년 작 <바람과 함께 사라지다>는 출간 6개월 만에 밀리언셀러가 된다. 출간 당시 책값은 3달러였다. 당시 한 끼 식사 값인 이 돈을 대공황 와중의 미국인들은 기꺼이 지불해 책을 샀다. 소설은 출간 이듬해인 1937년 퓰리처상을 받는다. 1938년 비비언 리와 클라크 게이블 주연의 영화로 만들어져 1940년 제12회 아카데미 시상식에서 13개 부문에 노미네이트되고 작품상, 감독상, 여우주연상, 남우주연상 등 8개 부문에서 수상한다.

이 오래된 작품이 최근 '뜨거운 감자'로 떠올랐다. 2020년 5월 25일 미국 미네소타주 미니애폴리스에서 흑인 조지 플로이드가 백인 경찰의 무릎에 목이 눌려 숨지면서 미국 내 흑백 갈등이 심해진 것이 이유다. 동영상 스트리밍 서비스 회사 'HBO 맥스'는 6월 9일 <바람과 함께 사라지다>를 방영 목록에서 삭제했다.◆ 영화가 인종차별을 미화하고 있다는 이유에서다. <노예 12년>의 감독인 존 리들리가 전날 언론 기고문을 통해 HBO 맥스에 이 영화의 스트리밍 서비스 중단을 공개적으로 촉구한 직후의 조치다. HBO 맥스는 성명을 내고 "<바람과 함께 사라지다>는 그 시대의 산물로서, 불행하게도 미국 사회에서 흔한 인종적 편견을 일부 묘사하고 있습니다."라며 "이와 같은 인종적인 묘사는 그때나 지금이나 잘못된 것"이라고 했다.

과연 <바람과 함께 사라지다>에는 인종차별적 요소가 있나? 그렇다. 그렇기 때문에 이 작품을 읽거나 보는 일이 원천봉쇄돼야 할까? <바람과 함께 사라지다> 덕후이자 소설의 배경인 조지아주 애틀랜타와 서배너, 사우스캐롤라이나주 찰스턴을

◆ 6월 25일 경고 표기 후 스트리밍이 복구되었다.

여행하며 '바람과 함께 사라지다 투어'를 한 기록을 쓴 책 <바람과 함께, 스칼렛>(은행나무, 2018년)의 저자로서 단연코 말하자면, 아.니.다.

　불온서적이라도 되는 것처럼 작품을 비난하고 분서焚書를 부르짖는 사람들은 다시 한번 이 작품을 꼼꼼히 읽어보았으면 좋겠다. 소설이 19세기 중반 미국 남북전쟁을 배경으로 한 사극史劇이라는 사실을 많은 이들이 망각한다. 박경리의 <토지>를 읽거나 드라마를 보면서 최참판댁 침모인 봉순네나 그 딸 봉순이가 서희 '애기씨'를 받들어 모신다며 소설이 조선시대 신분제를 미화하고 있다고 비판하는 사람이 얼마나 될까? <바람과 함께 사라지다>도 같은 맥락에서 시대의 산물로 이해돼야 한다. 지금 우리에게 필요한 것은 작품에 대한 토론과 논의이지 검열과 삭제, 원천봉쇄가 아니다.

　그런 의미에서 <다시, 바람과 함께 사라지다>는 <바람과 함께 사라지다>를 다시 읽고 싶은 독자들에게 수많은 생각의 실마리를 제공하리라 생각한다. 이 책은 주인공 스칼렛이 아니라 보통은 조연 정도로 여겨지는 스칼렛의 시누이 멜라니에 초점을 맞춘다. 심지어 영화에서 이 역할을 연기한 배우 올리비아 드 하빌랜드는 아카데미 여우조연상 후보에 올랐지만 탈락한다. 대신 스칼렛의 유모를 연기한 해티 맥대니얼이 흑인 최초로 아카데미 여우조연상이라는 영예를 안는다.

　스칼렛의 표현에 따르자면 '가슴도 없는 소년 같은 몸매에, 하트형 얼굴에 눈만 커다란', 그러니까 성적인 매력이라곤 눈을 비비고 봐도 찾아볼 수 없는 여린 여자 멜라니는 외유내강의 강인한 인물로 그려진다. 그녀는 전쟁에서 남부가 이기기 위한 대의大義를 위해 모든 것을 희생하며, 전쟁의 포화 속에서 '어린아이 같은 골반으로' 죽지 않고 아들을 낳고, 스칼렛이 타라를 침입한 북군 병사를 살해했을 때도 스칼렛을 돕기 위해 출산 직후의 몸을 일으켜 죽은 오빠이자 스칼렛의 첫 남편 찰스의 유품인 군도軍刀를 질질 끌고 왔다가 함께 시체를 파묻는다.

표독한 초록색 눈동자의 스칼렛이 자기 하고 싶은 대로 다하는 것처럼 보이지만 남들에게 욕만 먹고 실속은 못 챙기는 소리만 요란한 빈 깡통이라면, 차분한 갈색 눈동자의 멜라니는 교양 있고 심지 굳게 원하는 바를 이루면서 타인의 사랑과 존경까지 획득하는 깊은 물처럼 자기 중심이 있는 여자다. 현종희는 고작 열여덟 살에 애틀랜타 시민사회의 실세가 된 멜라니의 재능, 그것도 천재적인 재능이 20대 초반에 드러난다고 말한다. "그것은 바로 정치질입니다." 그리고 덧붙인다. "솔직, 소박, 겸손, 성실, 용감, 다섯 덕목이 있으매 그것들이 늘 멜라니 해밀턴과 함께함이라."

위트 있는 문장으로 유쾌하게, 그러나 신랄하게 <바람과 함께 사라지다>를 속속들이 파헤친 이 책에서 저자가 주목하는 것은 멜라니의 '품성정치'다. 멜라니의 '정치질'이 "타인을 매우 존중하는 듯하지만, 정치적 목적을 달성하기 위한 수단으로 그 사람들을 이용할 뿐"이라고 분석한다. 스칼렛처럼 직설적이고 다혈질로, 동질감 때문에 그녀를 무척 좋아하는 한편 멜라니의 부드러운 힘을 동경해왔던 나는 저자의 이 통찰에 무릎을 치며 웃었다. 저자는 그 부드러운 품성의 잔혹함에 대해 이야기한다. 고요하고 깊은 물 같은 이 여자는 침착하고 다정한 음성으로 대의를 부르짖으며 청년들을 설득해 전쟁으로 내몰아 죽음으로 이끈다.

저자는 스칼렛을 여성혐오자로, 멜라니에게는 동성애적 지향점이 있는 것으로 해석한다. 멜라니의 스칼렛에 대한 자매애에 시누이의 올케에 대한 애정을 넘어선 그 어떤 무엇이 있다고 풀이한다. 근거로 이렇게 이야기한다. "소설에서 달링darling이라는 표현은 모두 91번 나옵니다. 스칼렛이 누군가를 달링이라고 부르는 경우는 15번. 레트는 12번입니다. (…) 멜라니는 소설에서 몇 번 달링이라는 표현을 쓸까요? 멜라니가 누군가를 달링이라고 부르는 경우는 34번입니다. 압도적으로 1위. 그중에서 스칼렛은? 28번입니다." 저자의 해석에 완전히 동의하냐 묻는다면, 그건 조금 힘들다고 말하겠다. 그렇지만 그럼에도 불구하고, 상당히 설득력이 있다고 답하겠다. 동성애자의 관점으로 멜라니 해밀턴 혹은 멜라니 윌크스를 다시 읽어나간다면 그간 고정관념으로 가지고 있던 <바람과 함께 사라지다>에 대한 뻔한 해석을 넘어서 상당히 새로운 눈으로 작품을 다시 볼 수 있을 것이다.

소설과 영화 모두에서 가장 인종차별적으로 그려졌다고 여겨지는 캐릭터는 아마도 스칼렛의 몸종 프리시일 것이다. 프리시는 멍청하면서 교활한 데다 거짓말 잘하는 게으른 흑인 소녀로, 당시 백인들이 흑인 노예에게 바랐던 미덕의 결정체인 유모와는 대척점에 있는 인물로 묘사된다. 스칼렛은 프리시가 못마땅할 때마다 '때리겠다'고 협박하지만 실제로 그러지 않는다. 저자는 프리시를 작가가 '혐오'하라고 던져놓은 캐릭터이자 트롤러, 곧 '고문관'이라 해석한다. 그는 말한다. "프리시에서 볼 수 있는 것은 두 가지입니다. 하나는 미첼의 관찰력이 그 자신의 하찮은 양식을 능가하고 있다는 것이고, 다른 하나는 지배계급은 하층계급의 인간의 적의를 잘 이해하지 못하는 게 아닌가 싶다는 것이죠. 아닌 게 아니라 해방 당시 일본인들의 수기를 보면, 순종적이고 얌전한 줄 알았던 조선인들이 해방이 되자마자 갑자기 적개심을 드러내 너무 당황스러웠다나 뭐라나. 남부 백인 노예주들도 비슷한 충격을 받았는데, 자신들은 나름 흑인들을 잘 대해줬다고 여겼는데, 해방된 흑인들은 그들을 (옛 주인들 딴에는) 배신했던 겁니다."

자, 이처럼 다층적으로 읽히며 계급사회와 인종 문제에 대해 다양한 논의를 제시할 수 있는 텍스트를 우리는 금서禁書로 여기고, 영화에는 '빨간 딱지'를 붙여야만 하는가? 이 책을 읽으면 <바람과 함께 사라지다>야말로 인종과 계급 문제에 대한 사유의 깊이를 확장할 수 있는 생생한 작품이라 여기게 될 것이다.

'바람과 함께 사라지다 투어'를 결심하고 애틀랜타에 있는 마거릿 미첼 하우스를 방문한 것은 2016년 12월이었다. 1925년 두 번째 남편 존 마시와 결혼한 미첼이 신혼생활을 시작해 1932년까지 살았던 집으로, 그는 <바람과 함께 사라지다>의 90% 이상을 이 집에서 집필했다. 미첼 하우스의 투어 가이드는 미첼과 마찬가지로 '마거릿'이라는 퍼스트 네임을 가진 흑인 할머니였다. 당시 투어에 동행한 친구 J의 의문은 '과연 흑인들도 이 작품을 좋아할까?'였기 때문에 투어에서 만난 수많은 사람들에게 그녀는 끈질기게 이 질문을 퍼부었다. '많은 흑인들이 이 작품을 좋아한다'는 것이 그들의 답이었지만, 얼마만큼의 진실인지는 확신할 수 없기는 하다. 다만 <바람과 함께 사라지다>에 대해 단 한 가지 확언할 수 있는 것은, 정치적으로 올바르기만 한 토양에서는 예술이 꽃피기 힘들다는 것이다. 특히 상상력의 결정체인 문학이라는 장르는 인간이 상식과 도덕의 차원을 넘어섰을 때 얼마나 왜곡될 수 있는지를 보여 주며 그에 대해 숙고하도록 하는 데 의미가 있다고 생각한다. 그런 자유로움 속에서 이 작품이 태어났기 때문에, 현재의 우리가 지금 이 시점에서의 '정치적 올바름'의 잣대로 작품을 비판하고 분석하며 풍성한 논의를 생산할 수 있는 것이다.

코로나 19 때문에 하늘길이 막혀 해외여행은 아득한 옛날의 추억이 되어버린 2020년 12월, 이 책을 읽으며 다시 <바람과 함께 사라지다> 투어를 떠올린다. 스칼렛의 활동 무대인 애틀랜타, 타라의 배경인 존즈버러, 레트 버틀러의 고향 찰스턴, 스칼렛의 어머니 엘렌 오하라의 고향 서배너를 여행하며 소설을 더 깊이 이해하고자 했던 그 여행. 언제든 코로나19가 종식되면 다시 애틀랜타에 가고 싶다. 역동적인 스칼렛과 잘 어울리는 젊은 도시로서의 애틀랜타가 아니라 정적인 여자 멜라니의 고향이자 그녀가 군림하는 자그마한 왕국으로서 애틀랜타를 다시 보고 싶다. <바람과 함께 사라지다>를 테마로 한 남부 요리 식당 '피티팻의 포치Pittypat's Porch'에 다시 들러 후라이드 치킨과 검보를 잔뜩 시키고 이번엔 멜라니 버전으로 만들었다는 롱 아일랜드 아이스티 '멜라니의 레모네이드'를 마시고 싶다.

<바람과 함께, 스칼렛> 저자, 곽아람

차례 contents

1 멜라니 해밀톤이
스카알렛과 만나다 ✧ 28

2 솔직, 소박, 겸손, 성실, 용감
다섯 가지 덕목이 있으매
그것들이 늘 ✧ 68
멜라니 해밀톤과
함께함이라

3 게티즈버그전투가
일어나다,
승자는 링컨 곧 ✧ 108
아브라함이라

4 재앙의 군세가 별과
유성처럼 맹진하니
그 나팔을 ✧ 146
부는 자의 이름은
셔어만이라

전편

5   멜라니 해밀톤이
스카알렛에 이끌려
타라에 다다르매   ✧ 196
**맨 먼저 것이
나중 되어 있더라**

6   총성이 멈추고
멜라니 해밀톤의   ✧ 262
옛 여인이
나타나다

7   북녘 사람 요나는 성이 윌커슨이며
그 입이 세리라 부름을 받고
타라에 당도하여 이르되   ✧ 300
**삼백 달란트가 없는
자들아 자본이 여기
임하였음을 모르느냐**

8   멜라니 해밀톤이
아탈란타 성 안으로   ✧ 338
들어오다

차례 contents

9 스카알렛이
수를 세어 부르니
온 아탈란타 성의
보화가 다투어
그에게 가더라

10 스카알렛이 강도를 피해
멜라니를 찾은즉
그 시누가 그를 일컬어
보라 정의가
너를 단죄하려 함이라

11 백부장 도마가 의심하며 물으매
그대는 K라는 글자를 아는가
멜라니 해밀톤이
부인하여 가로되
나는 네가 하는 말을
알지 못하노라

12 멜라니 해밀톤을
따르는 자들이
누구뇨

후편

13 멜라니가 조용히
이르되
내가 너를 사랑함을
너는 모르노라

14 멜라니 해밀톤이
아브라함의 수하들을
물리치다

15 멜라니 해밀톤이 렛트에게 가로되
너의 모략함이 무엇이냐 내가 너의
마음을 책처럼 읽겠도다 하니
렛트가 스칼렛이 아끼는
기업을 저희에게 넘겨
주리라 함에 대해서라

16 민족 품성 사랑이
있으니
그중에 제일은
사랑이라

17 밋첼 여사 가라사대
귀 있는 자는 들을지니
내일은
내일의 태양이
뜨리라

줄거리
바람과 함께 사라지다
Gone with the wind

사람들은 흔히 소설, 그리고 영화의 줄거리를 다음과 같이 이야기해왔습니다.

스칼렛 오하라는 미국 남부 대농장의 딸입니다. 이 아가씨는 온 동네 청년들의 인기를 독차지하죠. 스칼렛은 이웃의 잘생기고 지적인 청년, 애슐리 윌크스를 사모하나, 애슐리가 친척인 멜라니 해밀턴과 결혼한다는 청천벽력 같은 소식을 듣습니다.

스칼렛은 애슐리의 집, '열두 참나무'의 파티에서 애슐리를 유혹할 계획을 짭니다. 하지만 스칼렛은 애슐리의 결혼을 막지 못하고, 엉뚱하게도 손님으로 찾아온 불온한 평판의 남자, 레트 버틀러의 관심만 끌지요. 스칼렛은 홧김에 멜라니의 오빠 찰스와 결혼해버리죠. 그 순간 '전쟁!'이라는 외침이 스칼렛의 귀에 들려오고 있습니다. 미국의 내전이 시작된 것입니다.

스칼렛의 남편 찰스는 군대에서 폐렴으로 죽고, 스칼렛은 과부가 됩니다. 스칼렛은 멜라니가 사는 젊고 활기찬 도시, 애틀랜타로 찾아갑니다. 자선파티의 무도회에서 스칼렛은 과부임에도 저 레트 버틀러와 춤을 추기 시작하고, 전 남부를 충격에 빠뜨리죠. 스칼렛은 애슐리에게 여전히 마음이 남아 있지만, 레트에게 묘한 끌림을 느끼게 됩니다.

전세는 남부에게 불리해지고, 애틀랜타 사람들은 피난길에 오릅니다. 스칼렛은 멜라니의 출산을 돕습니다. 그리고 레트의 도움을 받아 애틀랜타를 빠져나가죠. 피난 도중에 레트는 스칼렛에게 키스를 남기고 군에 입대합니다. 스칼렛의 고향 타라 농장은 셔먼 군단의 초토화 작전으로 폐허가 되어 있습니다. 스칼렛은 절대 굶주리지 않으리라고 신에게 다짐합니다.

도둑질, 거짓말, 살인을 저지르더라도 절대 굶주리지 않으리라! 스칼렛은 정말 위 셋을 모두 저지르게 되죠. 전쟁 후 동생의 남편을 가로챈 스칼렛은, 애틀랜타에서 부유한 여성 사업가로 이름을 날리게 됩니다. 그러던 어느 날 스칼렛은 판자촌에서 강도를 당하고, 스칼렛의 이웃들은 복수를 위해 판자촌을 불태웁니다. 북군의 장교가 찾아와 스칼렛과 친구들을 심문하지만, 레트의 능글맞은 연극으로 이웃들은 위기를 모면합니다.

앞서의 소동에서 스칼렛의 둘째 남편이 사망하였습니다. 얼마 안 지나 스칼렛은 또 결혼을 하는데, 세 번째 남편은 레트입니다. 둘 사이에서는 보니 블루 버틀러라는 예쁜 딸아이가 태어나죠. 하지만 스칼렛에게는 여전히 애슐리에 대한 미련이 남아 있습니다. 애슐리의 생일날, 스칼렛은 애슐리와 포옹하고 있다 사람들에게 들키고 맙니다. 레트는 딸의 명예를 위해 스칼렛에게 애슐리의 생일파티에 가라고 요구하죠. 파티에서 멜라니는 스칼렛을 용서해줍니다.

스칼렛과 레트 부부의 사이는 점점 어긋나고, 보니가 말에서 떨어져 죽는 사건으로 가정은 파탄에 이릅니다. 집을 떠나 있던 스칼렛은 멜라니가 위독하다는 전보를 받습니다. 스칼렛은 멜라니의 죽음을 지켜봅니다. 그리고 스칼렛은 자신이 레트를 사랑하고 있었다는 사실을 깨닫습니다. 그러나 스칼렛을 기다리던 것은 레트와의 이별이었습니다. 하지만 끝까지 좌절하지 않는 스칼렛의 마지막 대사는, **"내일은 내일의 태양이 뜰 거야 After all, tomorrow is another day!"**.

소설과 영화, 어떻게 다를까?

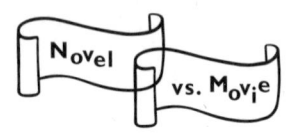

<바람과 함께 사라지다>는 마거릿 미첼의 소설입니다. 아일랜드계 미국인 여성이며, 애틀란타 토박이였던 미첼은 어려서부터 남북전쟁 당시의 일화들을 친지와 이웃으로부터 들으며 성장했지요. 기자였던 미첼은 1926년 교통사고를 당했는데, 병상에서의 소일거리로 이 소설을 집필하기 시작했습니다.

미첼은 출판에 아주 소극적이었고, 9년이 지난 1935년에서야 출판계약이 이루어졌습니다. 맥밀런 출판의 편집장이었던 레이 팀은 어렵게 입수한 미첼의 원고를 기차 안에서 읽는 순간 출판을 결심했다고 하네요. 이 일화를 사람들이 각색한 버전이 어쩌면 더 유명합니다. '우연히 애틀란타에서 만난 작가 지망생의 간청으로 원고를 받아든 편집장. 하지만 그이는 사실 읽을 생각이라곤 하나도 없다. 그리고 수십 시간의 열차 여행. 편집장은 지루함을 달래려 우연히 그걸 꺼내들었는데 세상에, 이거 너무 재미있는 것이 아닌가…!'

1936년 6월 30일에 출판된 <바람과 함께 사라지다>는 반년만에 1백만 부가 팔려나가는 기염을 토하며, 전미에 '바함사' 열풍을 불러옵니다. 1937년에는 퓰리처상을 수상. 이 해의 퓰리처상 경쟁자는 또한 전설적인 명작인 <압살롬 압살롬(윌리엄 포크너)>으로, 그야말로 세기의 대결에서 승리한 셈입니다. 현재까지 판매부수는 전 세계에서 최소 3천만 부 이상으로, 한국에서도 아주 사랑받은 소설입니다. 해리스 폴의 2008년 여론조사에서, 미국인들이 성경 다음으로 사랑하는 소설로 꼽히기도 했지요.

그때 이미, 촉망받던 34세의 젊은 제작자 데이빗 셀즈닉은 소설의 판권을 구입, 1860년대의 미국 남부, 그리고 스칼렛의 모험담을 스크린에 구현할 준비에 돌입했지요. 당시로서는 5만 달러라는 파격적인 금액이었다네요.

 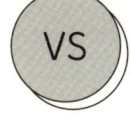

소설 〈바람과 함께 사라지다〉

작가: 마거릿 미첼
출판연도: 1936년 6월 30일
출판사: 맥밀런
집필 기간: 약 9년
분량: 1037페이지
판매 부수: 3천만 부 이상
수상: 퓰리처 상(1937년)

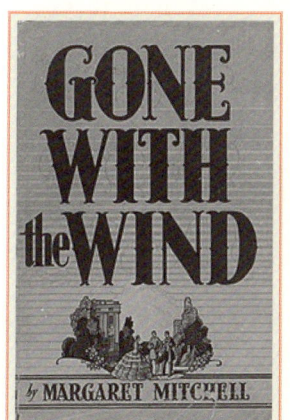

영화 〈바람과 함께 사라지다〉

개봉연도: 1939년 12월 15일
프로듀싱: 데이비드 셀즈닉
제작사: 셀즈닉 인터내셔널 픽쳐스, MGM
감독: 빅터 플레밍(외 3명)
각본: 시드니 하워드(외 다수)
음악: 맥스 스타이너
상영 시간: 238분(3시간 58분)
주요 배역: 비비언 리(스칼렛 오하라 역), 클라크 게이블(레트 버틀러 역), 레슬리 하워드(애슐리 윌크스 역), 올리비아 드 하빌랜드(멜라니 해밀턴 역)
예산: 약 400만 달러(2020년 한화로 800억 정도)
흥행: 관객 수 약 2억 명, 매출 약 4억 달러(2020년의 화폐가치로 약 37억 달러, 한화로 약 4조 5천 억 원)
수상: 오스카(아카데미)상 8개 부문 수상(여우주연상, 여우조연상, 감독상, 각본상, 촬영상, 편집상, 미술상, 작품상)

이야기의 재미만큼은 누구도 부정하지 못했던 이 소설의 영화화는 당대의 제일가는 관심사 중 하나였습니다. 특히 스칼렛 오하라 역을 누가 할 것인지가 세인의 주목을 끌었답니다. 오디션 프로그램이 전국을 순회하며 화제를 몰고 다녔죠. 그 결과는 당시로서는 무명에 가까웠던 비비언 리였습니다.

나머지 주연들은 사람들이 모두 기대하던 대로 성취되었습니다. 레트 버틀러 역으로는 당대의 섹시가이였던 클라크 게이블, 애슐리 윌크스 역으로는 영국의 귀족 이미지 그 자체였던 레슬리 하워드, 그리고 멜라니 해밀턴 역으로는 청순가련의 대명사, 바로 올리비아 드 하빌랜드였죠.

영화의 각본 작업은 어려운 문제였습니다. 소설은 1,000페이지가 넘는 대작이었고, 이것을 6시간으로, 또 4시간으로 줄이는 작업은 고된 노동을 필요로 했어요. 이 결과 영화에서는 소설의 여러 조연들이 퇴장했습니다. 가령 윌 벤틴이나 아치 같은, 제법 비중 있는 남자 캐릭터들이요. 그리고 사건들이 대체로 단순화되었죠. 가령 영화에서는 스칼렛의 귀향과, '절대 굶주리지 않으리라'는 스칼렛의 저 유명한 다짐이 연이어 일어나는 사건들이지만, 소설에서는 두 에피소드가 하루의 시간 차를 두고 있습니다.

영화는 특히 정치적으로 민감했던 주제들을 제거하였습니다. 영화에서는 KKK$^{Ku\ Klux\ Klan}$의 K자도 등장하지 않죠. 그리고 소설의 인종차별적 태도에도 영화는 개선의 노력을 조금이나마 기울여, 흑인들에 대한 비하적 표현, 대표적으로 깜둥이^{Negro}라는 멸칭이 대부분 삭제되었습니다. 영화가 원작 소설의 표현을 누그러뜨리려고 노력했던 중요한 요소가 또 하나 있었으니, 바로 동성애였죠. 그럼에도 이만큼이나 소설을 충실하게 그리고 성공적으로 각색한 영화를 찾아보기는 쉽지 않을 것입니다.

역대 최고의 제작비를 들인 촬영은 여러 스펙터클한 순간들을 만들어냈고, 그 외에도 여러 기술적으로 인상적인 장면들이 있었습니다. 2020년의 관객들도 이 80년 전의 영화에서 현재의 것과 같은 자연스러움을 느끼게 됩니다. 아카데미 촬영상은 당연한 결과였습니다.

마침내 1939년 12월 15일 개봉한 영화 <바람과 함께 사라지다>는 심지어 소설보다 더한 흥행작이 되었습니다. 물가상승률을 적용하면 올타임 베스트, <아바타>와 <어벤져스>를 여전히 능가하는 인류 역사상 최대 히트작이지요. 영화의 관객 수는 약 2억 명, 매출은 약 4억 달러(2020년의 화폐가치로 약 4조 5천 억 원)으로 추정됩니다.

<바람과 함께 사라지다는> 4시간(정확히는 238분)의 분량이 전혀 지루하지 않을 정도로 재빠르고, 매 순간 흥미로운 영화입니다. 하지만 소설의 문제들이 그대로 남아 있다는 비판을 받습니다. 영화가 아카데미상을 휩쓸었다 – 여우주연(비비언 리), 여우조연(해티 맥대니얼), 감독(빅터 플레밍), 각본(시드니 하워드), 편집(할 커른, 제임스 뉴컴), 미술(라일 휠러), 촬영(에른스트 할러, 레이 레나한), 그리고 작품상 – 는 사실로 문제를 덮을 수는 없는 것입니다.

소설은 미국 남부의 미화, 그리고 인종차별의 정당화라는 두 가지 측면에서 자유롭지 못하죠. 때로는 글맵시가 열등하다거나, 내용이 지나치게 감상적이고 비현실적이라거나, 캐릭터들이 평면적이라는 부당한 비난도 받곤 합니다. 특히 스칼렛의 친구이자 애슐리의 아내인 멜라니 해밀턴은 이런 부당한 비난의 중심에 있었는데, 이것은 이 캐릭터가 오해를 쉽게 불러일으키도록 설정되어 있었기 때문입니다. 독자들은, 그리고 관객들은 멜라니를 수동적인, 선량한, 전통적 가치에 충실한 인물로, 전혀 나쁜 점이라고는 없는 존재로 착각하기 쉽습니다.

하지만 소설은 그 이상의 것을 준비하고 있었습니다. 그리고 영화도 그것을 알고 있었죠. 멜라니를 연기한 올리비아 드 하빌랜드는 그 비밀을 완벽하게 이해하고, 빼어난 연기를 선보일 준비가 되어 있었습니다. **이제 멜라니의 검은 눈 안으로 들어가 봅시다.**

멜라니 해밀톤의
여정에 대해 기록함이라
<바람과 함께 사라지다>
타래의 시작이라

Seonyeong Leigh
@2nd_rate

<바람과 함께 사라지다 Gone with the Wind> 타래를 쓰겠습니다.

오후 9:05 · 2018년 5월 13일 · Twitter Web Client

1.2만 리트윗   **591** 인용한 트윗   **1.2만** 마음에 들어요

이 타래의 주인공은 이분

Melanie Hamilton

최애

Scarlett O'Hara

서브남주

Ashley Wilkes

라이벌

Rhett Butler

1

Again, Gone with the Wind

멜라니 해밀톤이 스카알렛과 만나다

◆ 마거릿 미첼이 쓴 소설 <바람과 함께 사라지다 Gone With the Wind>의 첫 문장. 이 책은 1936년에 출판됐고, 이듬해 퓰리처상 Pulitzer Prize을 받았다.

1_ <바람과 함께 사라지다>의 첫 문장은 유명하고 아주 괴상한데, 바로 **"스칼렛 오하라는 아름답지는 않았다…"** 뭐라고요?

Scalett O'hara was not beautiful, but men seldom realized it when caught by her charm as the Tarleton twins were.

_Margaret Munnerlyn Mitchell

2_ 다른 챕터들에서 저 첫 문장은 태연하게 뒤집힙니다. 스칼렛은 미인이며, 누구나 인정하는 미인이며, 그 지방에서 최고의 미인이죠. 곧 저 첫 문장은 암시하고 있습니다 — **스칼렛 오하라를 처음 목격하고, 당황 속에서 그이를 사랑하지 않아야 할 이유를 애써 찾고 있는, 누군가를요.**

3_ 그 누군가는 스칼렛의 외모의 단점을 찾으려 골몰하지만, 고작 발견한 것은 스칼렛이 그 어머니와 아버지를 꼭 반반 닮았다는 것이고(그렇습니다. 물은 축축하지요), 이내 스칼렛의 매력에 압도당하고 말지요.

4_ 그렇습니다. 멜라니 해밀턴은 스칼렛과 만난 적이 있었지요. 그리고 시간이 지나, 애슐리와의 약혼을 위해 윌크스가로 찾아온 멜라니는, 약혼 파티를 겸할 다음 날의 동네 사교 모임에, 스칼렛이 찾아온다는 소식을 듣게 됩니다.

5_ 다음 날 파티장, 멜라니의 청에 따라 스칼렛을 데려오는 애슐리 윌크스.

자, 우선 내 친척 멜라니랑 인사부터

6_ 세상에!

스칼렛!

7_ 스칼렛은 그날따라 또 유난히 예뻤던 것.

8_

너랑 친하게 지내고 싶어…

스칼렛과 친구하고 싶어서…
꼭 그러고 싶어

9_ 하지만 스칼렛의 태도는 왠지 까칠한데….

뭐, 너에게는 유치해 보일지도 모르지. 넌 진지한 애니까.

10_ 굴하지 않고 준비해 온 말을 늘어놓는 멜라니 해밀턴(그리고 뒤에서 뭔가 기이한 표정을 짓고 있는 그녀의 남편 될 사람).

나는 항상 너를 동경해왔어…

11_ 아니 태도가 그냥 **대놓고 까칠함**.

12_

13_ 이내 스칼렛은 남자들 사이로 슈웅 하고 사라집니다. 멜라니에게는 별 관심이 없었던 것인지…?

14_
남정네들을 싹쓸이하며 즐거운 시간을
보내는 듯한 스칼렛 오하라.

15_ 하지만 살며시 애처로운 눈빛을 보내는 걸 보면… 혹시나 하는 생각도 들지요.

16_ 인디아: 스칼렛 걔, 미친 거 아니니? 임자 있는 남자들까지 건드려!
멜라니: 스칼렛은 매력적인 죄밖에 없어.
인디아: ???

스칼렛을 열성적으로 옹호하는 멜라니.

스칼렛은 그저….
성격이 활달하고 명랑한 거지.

17_ 여자들이 스칼렛을 씹어댈 무렵, 남자들은….

18_ 남북전쟁을 눈앞에 두고 행복회로 풀가동 중인 남부남들.

19_ 하지만 애슐리는 전쟁에 대한 철학적인 비관론을 내놓습니다. 그이에게 전쟁은 단지 비극이지요.

20_ 갑자기 분위기 싸해진 틈을 타 등판하는 레트 버틀러.

천쟁에서 말재주로 승리하는 건 어렵지 않을까요, 신사 여러분!

21_

팩

그들에게는 공장, 조선소, 탄광, 그리고 항구를 봉쇄하고 우리를 기아에 빠트릴 함대가 있지요.

트

폭

우리가 가진 것은 면화, 노예, 그리고 오만뿐이오.

력

🕊 22_ 메갈이다! 메갈의 말은 듣기 싫습니다만!

◆ 키보드 배틀
Keyboard Battle의
줄임말. 인터넷
논쟁을 뜻함

🕊 23_ 촌동네의 키배◆ 따위야 어떻게 되든지 말든지 전쟁은 터져버리고, 멜라니와 애슐리는 예정보다 서둘러 결혼식을 올리게 되지요.

섬터요새 공방전
☞ 남부연맹
영역에
위치하던 연방군의
요새.
독립 선언 후
남부는 이 요새의
접수를 원했고,
협상이 결렬되자
포격을 가했다.
이는 남부에
무력으로 개입할
기회를 엿보던
링컨에게 좋은
명분이 되었다.

24_ 그런데 어느 틈엔가 멜라니의 오빠 찰스도 신붓감을 구해왔는데….

25_ 아니, 이게 웬 떡이야…?

이제 우리는 진짜로 정말로 자매인 거야.

26_ '이제 우리는 진짜로 정말로 자매인 거야.'◆, 즉 상상의 자매Fictional Sisters였을 때가 있었다는 이야기죠. 그것은 픽션 속의 드러나지 않은 픽션.

◆ 소설 원문.
'Now we're really and truly sisters.'

27_ 한편 스칼렛은

- 애슐리 윌크스가 갸랑 결혼할 거래!
- 윌크스네는 늘 친척들과 결혼하잖아?

♦ 소설 원문.
'She neither liked nor trusted her own sex'

28_ 스칼렛 오하라는 여성혐오자입니다. 가령 **'스칼렛은 같은 여성들을 좋아하지도, 신뢰하지도 않았다.'**♦.

니체

29_ 여성혐오자인 이유를 소설은 아울러 설명합니다. 스칼렛은 권력, 또는 힘을 선망하고, 그것을 갖춘 사람을 애정하며, 그것이 결여된 사람들을 멸시하죠.

30_ 따라서 스칼렛은 여자들을 싫어했고, 멜라니를 또 유독 싫어하고 있었는데, 그것은 멜라니는 키가 작고 몸이 허약하며, 또한 자신의 의견을 좀처럼 표시하지 않아서였죠.

파리한 얼굴에 아첨이나 떠는 얼간이. 정말 싫어.

🕊31_ 윌크스네의 이웃인 탈턴 부인 왈, "멜라니는 바람이 불면 날아갈 것같이 생겼잖아요. 그리고 주견도 없어요. 언제나 '아녜요, 부인!', '네, 부인!' 이게 할 줄 아는 말의 전부라니까요." 이것이 멜라니 해밀턴에 대한 일반적인 평가.

🕊32_ 그리고 스칼렛이 내심 좋아하는 사람은 애슐리 윌크스였는데, 그 직접적인 사유란 스칼렛이 사춘기가 왔을 무렵 마침 애슐리가 말을 타는 장면을 보았는데 그게 멋있어서-였답니다. 당시 귀족들의 스포츠란 승마 정도였죠. 승마 실력이 뛰어났던 애슐리는 남군의 장교로 임관되어 있는 상태였어요.

🕊33_ 스칼렛은 멜라니로부터 애슐리를 빼앗을 속셈으로 약혼식에 찾아온 것이었죠. 꽃단장을 하고 온 것도 멜라니를 기죽이려는 속셈이었는데, 이것은 여러모로 엉뚱한 결과를 초래하게 됩니다.

◆ Hetero sexual
의 줄임말.
이성애자를 뜻함

34_ 멜라니를 기죽이기는커녕 플러팅Flirting, 구애을 당한, 아 물론, 불꽃 같은 헤테로Hetero◆라 그것이 플러팅인 줄은 전혀 몰랐던 스칼렛은, 정작 애슐리에게는 들이댔다 왕창 까이게 되죠. 정확히 말하면 애슐리는 좋게 거절하려고 했는데 스칼렛이 다 뒤집어 엎고 와장창….

35_ 스칼렛의 실패한 작업을 엿보다 튀어나온 레트 버틀러. 이건 또 무슨 정신 나간 플러팅?

36_ 격분해 뛰쳐나온 스칼렛은 마침, 다른 여자들이 자신을 비난하는 광경을 엿보게 되는데….

오, 멜라니! 너는 너무 착해서 모르는 거야

37_ 멜라니가 스칼렛을 열심히 옹호하지만, 스칼렛은 그것을 승자의 위선이라고 생각합니다. 왜냐하면 자신이 늘 그러기 때문이죠.

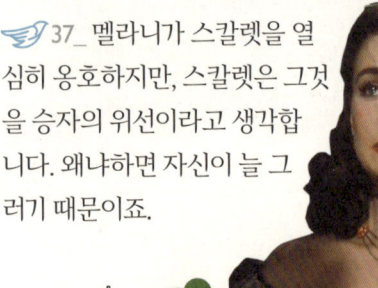

38_ 실연+분노+울분 상태였던 스칼렛은 멜라니의 오빠인 찰스와 덜컥 결혼해버리죠. 여담이지만, 스칼렛의 엄마 엘렌도 실연 후 홧김에 결혼했다고.

오하라 양, 당신을 사랑해요

🪽39_ 찰스는 '여성스러웠기'에 스칼렛의 취향에는 전혀 안 맞는 상대였고, 이는 불행한 결혼을 예정하는 것이었을까요 – 하지만 멜라니는 신난다 이거예요.

🪽40_ 잘했어, 오빠!!!

🪽41_ 하지만 멜라니의 오빠 찰스는 결혼식 후 두 달도 안 되어 비전투손실로 인해 사망했습니다. 스칼렛에게는 불행 중 다행스러운 일이라고 하겠지요.

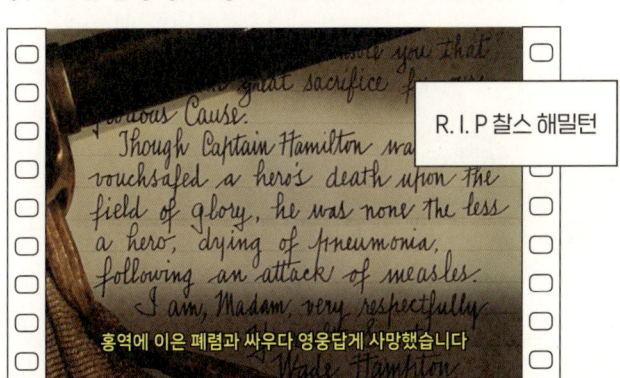

🕊42_ 전사, 아니 사망 통지서 위의 칼은 찰스의 군도(세이버)입니다. 군인이었던 아버지의 유품. 소설에서 굉장히 자주 언급되는 아이템이니 눈여겨보기로 합시다.

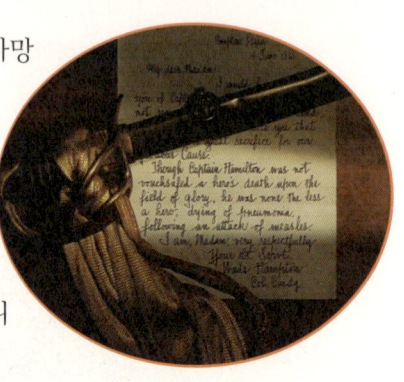

🕊43_ 상복을 입고 슬퍼하는 스칼렛. 찰스가 죽어서 슬픈 게 아니라 상중이라 못 놀아서 슬픈 것.

🕊44_ 영화에서는 별로 그래 보이지 않지만, 소설에서 스칼렛은 가벼운 우울 증세를 보이며, 기분 전환 겸 애틀랜타로 떠나게 됩니다. 영화에서는 스칼렛 가족이 스칼렛을 애틀랜타로 보내는 것처럼 묘사되지만, 소설에서는 멜라니 쪽에서 스칼렛을 초대하죠. 멜라니는 원래부터 애틀랜타 사람.

애틀랜타!

45_ 이쯤에서 멜라니 해밀턴의 호구조사가 있겠습니다.

46_ 멜라니 해밀턴은 어려서 부모님을 여의고, 오빠 찰스와 함께 애틀랜타의 친척 집에서 자랐답니다. 아침에는 감자 한 알 저녁에는 흑빵 하나씩 주면서 온종일 부려먹는 고모 밑에서 외롭고 슬프지만 굳세고 씩씩하게 자랐을 것 같지요?

47_ 하지만 매우 유감스럽게도 멜라니의 고모 피티팻 해밀턴은 착한 사람이었어요. 그리고 멜라니의 집안은 다들 부자였답니다. 멜라니와 오빠 찰스는 유복한 환경에서 남부러울 것 없는 교육을 받으며 성장했죠. 당시의 여성교육은 신부수업의 일환쯤으로 여겨졌지만요.

48_ 김숙, 아니 피티팻 해밀턴은 유치하고 지각이 없는, 그리고 나이가 제법 있는 미혼 여성으로, 소설을 읽다 보면 애초부터 결혼에 별 의지가 없었던 것 같죠. 그러거나 말거나 사교적이었던 피티는 애틀랜타의 여러 이웃들에게 귀여움(!)을 받으며 무척 잘 지내고 있었답니다.

49_ 멜라니의 삼촌인 헨리는 영화에서 등장하지 않는 인물. 영화도 4시간이라는 엄청난(중간에 휴식 시간 있음) 상영시간을 자랑하지만 소설은 더 분량이 많기에, 어중간한 조연(특히 남캐)들이 영화에서 많이 칼질당했죠. 헨리는 변호사로, 피티와는 다르게 좀 엉뚱한 구석이 있는 상식인.

50_ 피티팻과 헨리의 사이는 매우 나쁜 것으로 그려지는데, 원인은 섬세한 성격이었던 헨리가 피티의 단순하며 호들갑스러운 면을 결국 못 참았기 때문. 피티는 오빠가 자신을 무시한다고 삐졌고, 완전히 애들 다툼이 되었죠. 친척과 이웃들은 이 남매간의 분란에 오히려 즐거워하고들 있다고.

51_ 멜라니와 찰스를 실제로 키운 것은 피티의 흑인 노예인 피터였습니다. 심지어 피티는 온갖 잡일과 마부와 대소사의 처리는 물론 그것들의 결정까지 피터에게 모두 맡겨놓고 있죠.

52_ 멜라니의 오빠 찰스는 영화에서는 무슨 똘추처럼 나오지만, 소설에서는 수줍음이 많고 낭만적인 젊은이죠. 세상 물정을 모르고 어리숙하며 어리석은 죽음을 맞는다는 점은 같습니다. 그리고 스칼렛이 몹시 그이를 싫어한다는 것도요.

53_ 해밀턴 집안은 원래 차분하고 지적인(물론 다른 무도한 이웃 백인 놈들에 비해 상대적으로) 가풍이었고 양육자인 피터마저 깐깐하고 신중한 성격이었기에, 멜라니와 찰스 역시 조용하고 유순한 성품을 지니게 됐죠. 적어도 겉으로 보기에는….

54_ 멜라니의 아버지는 이런 일가친척들과는 상반되는 폭탄 같은 성격의 군인. 유품으로 찰스에게 군도를 남겼습니다.

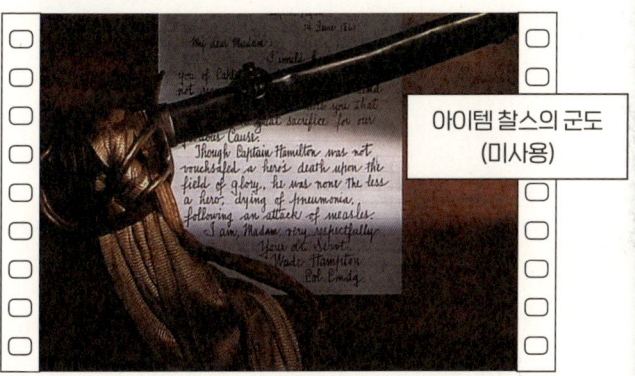

아이템 찰스의 군도 (미사용)

55_ 멜라니는 아버지를 전혀 연상하기 힘들 정도로, 모범생이자 말 잘 듣는 소녀로 자랐고, 집안에서 미리 정해두었던 사람과 결혼하게 되는데… 여기서 우리는 이 해밀턴 집안이 자랑하던 그 교양의 알량함과 마주하게 됩니다. 윌크스가와의 대를 이은 근친혼이었던 거죠.

🕊56_ 하지만 그것만 제외하면 성격과 관심사가 비슷한 멜라니와 애슐리 윌크스는 안정적인 결혼생활을 이어나갈 수 있을 것처럼도 보였습니다.

내 핏줄이기도 하고 우리는 서로를 잘 이해해.

🕊57_ 관심사라고 하면 일단 **인문학**이 있겠군요. 멜라니는 문학소녀죠. 좋아하는 작가는 디킨스.

디킨스

🕊58_ 이런 인문학적 취향은 스칼렛과 정확히 대비되는 것인데, 스칼렛은 문학도 싫어하고 고전도 싫어하고 역사 역시 무지무지 싫어하거든요. 또 하나, 스칼렛은 정치도 싫어하죠.

59_ 여튼 정치혐오자 스칼렛은 고향인 타라의 목화농장을 떠나, 애틀랜타의 피티팻 해밀턴의 집에서 멜라니와 같이 살게 되죠. 여기서 잠깐, 왜 결혼한 멜라니는 시댁에 가지 않고 여전히 고모 집에서 살고 있을까요?

19세기 말 애틀랜타

60_ 이것은 어리석은 질문입니다. 시댁은 당연히 무슨 핑계를 대서든 가기 싫은 것이죠.

61_ 그리고 멜라니는 시누이가 둘이나 돼요. 영화에서는 하나밖에 안 나오지만. 왼쪽이 바로 차분하지만 완고한 성격의 인디아 윌크스.

특징→스칼렛을 매우 싫어하죠.

인디아, 오하라네 딸들이야. 인사해야지.

"스칼렛은 정말 못 봐주겠어요. 애슐리한테 얼마나 집적대는지 보셔야 해요."

62_ 왜 인디아는 스칼렛을 미워할까요? 그건 꼰대라서요. 인디아는 규범을 중시하는 사람. 그런데 지적 역량이(없지는 않지만) 어중간하며, 성격이 소극적이라, 독창성을 지닌 악당이, 또는 선지자가 아닌 수동공격성 대마왕이 되었죠.

63_ 인디아는 곧 스칼렛을 증오할 이유를 하나 더 찾게 되는데, 스칼렛에게 애인을 뺏겼어요. 소설에서는 스튜어트 탈턴이지만, 영화에서는 찰스가 인디아의 (구)애인이 됐죠. 인디아는 이 배신의 충격으로 연애의지를 완전히 상실, 노처녀가 되죠.

"그래. 찰스가 내 거라는 걸 알면서도!"

64_ 한데 인디아는 연애의지 자체가 사실 영 부족했던 위인. 인디아는 아주 나중에 올케의 고모인 피티팻과, 비혼자들끼리 같이 살게 되죠. 그런데

피티: 걔 왠지 불편해….

"지가 열심히 잡았으면 안 뺏겼겠지, 그러니까 내 잘못 아님ㅎ"

📜65_ 시댁 식구들도 식구들이지만, 살던 곳을 떠나기도 멜라니에게는 싫은 일이겠죠. 애틀랜타는 멜라니의 아버지 대만 해도 황무지에 가까웠는데 – 백인들이 거기 살던 원주민들을 학살하고 강제 이주시켰거든요 – 멜라니가 태어날 때쯤 해서 철도가 놓이고 급성장하기 시작했죠.

19세기의 조지아 철도

◆ 소설 원문.
"Though she had few beaux for she lacked the willfulness and selfishness that go far toward trapping men's hearts".

📜66_ 멜라니는 매우 사교적이며 친구가 많은 인물로 묘사되죠. 애틀랜타의 누구보다도 여자친구가 많다네요. 그리고 남자친구들은 더 많다네요! 그러나 멜라니는 남자사람친구들에게 무슨 연애감정이나 소유욕 같은 건 없었다고 소설◆은 담담하게 밝히고 있답니다.

📜67_ 애틀랜타라는 도시는 스칼렛에게도 매우 마음에 드는 것이었습니다. 근본 없음이, 그리고 급성장하는 도시 특유의, 생기 있고 역동적인 분위기가. 왜냐하면 스칼렛이란 인간 자체가 그랬으니까요. 스칼렛은 애틀랜타에서 거의 눌어붙어 살게 됩니다.

68_ 당시 미국 남부의 부유층들은 사교를 중시했고, 친구나 친척 집에서 놀러갔다가 몇 달, 심지어 몇 년이나 머무는 경우도 흔했어요. 어차피 손님 뒤치다꺼리야 집 안의 노예들이 하는 것이니, 주인이 신경 쓸 문제가 아니었죠.

> 어디 친척 집이라도 들르련?

69_ 물론 스칼렛은 멜라니를 여전히 미워하고 있었고 피티 역시 별로 안 좋아했지만, 이내 같이 지내기는 시누이와 시고모 둘 다 꽤 괜찮다는 점을 발견하게 됩니다. 이 유인즉 다른 사람들은 과부가 왜 그렇게 조신하지 못하냐며 스칼렛을 갈궈대기만 하는데, 멜라니는 상냥하거든요!

70_ 멜라니가 친구가 많은 이유도 바로 이 **상냥함** 덕. 구체적으로 말하면 상대방의 장점을 용게 발견해 잘 추어주고 기분을 맞춰주는 작업이죠. 물론 이런 감정노동은 성차별적인 사회에서 여성에게 유난히 요구되는 덕목이고, 일부 페미니스트들이 흔히 쓰는 말로 **코르셋**◆이라고 할 수도 있겠죠.

◆ 여성 보정 속옷. 여성 억압의 상징으로 쓰이기도 함

71_ 흥미로운 것은 정반대의 결과(사람들이 불편해함)를 낳는 멜라니의 시누이 인디아의 까칠함도 사회가 요구하는 여성성과 상호작용한 결과물이라는 거죠. 뭐 어쨌거나 **상냥함**을 이용해 결국 스칼렛과 **같이살게** 되었으니 멜라니로서는 대성공.

72_ 그러던 어느 날, 애틀랜타 군 병원의 자선 파티가 열립니다. 멜라니와 스칼렛은 바자회 상점의 카운터를 맡게 되죠. 과부인 스칼렛은 원래 이런 데 나오면 안 되지만,

> 스칼렛은 도와주러 온 거야. 대의를 위해서 기금을 마련하려고.

73_ 전시에는 사회의 규범이 허술하게 굴러갔기에, 모처럼 스칼렛도 사교적인 행사에 속칭 꼽사리를 낄 수 있었죠. 멜라니는 대의를 위한 기금마련을 위해 스칼렛 자신을 희생하고 있는 거라며 일명 와꾸를 짜주죠.

74_ 여기서 대의Cause란 무엇인가요? 바로 남부인들의, 노예제도를 기반으로 한 전자본주의적 생활양식입니다, 여러분!

75_ 미국 남북전쟁의 원인으로는 여러 가지를 들 수 있겠지만, 중요한 것 하나는 막 자본주의적 상공업이 발전하기 시작한 북부의 이해와 그리고 노예노동을 기반으로 한 대농장을 기반으로 했던 남부의 이해관계가 서로 갈렸다는 점이죠.

1860년경 뉴욕 브로드웨이

76_ 스칼렛이나 애슐리 집안이 전형적인 남부 대농장주들. 이들은 대량재배한 목화를 영국이나 프랑스에 팔고, 그곳으로부터 공산품들을 구입했죠. 반면 북부의 자본가들은 수출입품들에 높은 관세를 때려서 자국의 산업을 보호하고 육성하고자 했답니다. 이는 대농장주들의 이익에 크게 반하는 것이었어요.

77_ 대농장주들의 정치적 문제는 북부가 인구가 훨씬 많았다는 것이죠. 물론 대농장주들은 매우 소수이고 애초에 대다수의 남부인들은 노예조차 없었답니다. 하지만 남부는 저 극소수의 부유층의 이익에 따라 움직였지요. 스칼렛 정도면 그중에서도 상위 0.X%에 드는 부자.

78_ 그런 정치적 문제에는 노관심이고 그저 (남자들이랑) 놀고 싶어 미칠 지경인 스칼렛.

79_ 상점에는 손님도 없고, 스칼렛은 지루한 나머지 얼굴 평가를 합니다. 누구 얼평을 하냐면, 벽에 걸려 있는 초상화의 남부연맹 대통령 이하 남부 정치인들.

남부 정치인들

80_ 스칼렛의 결론은 대통령부터 저렇게 생겨 갖고 노답이네, 쯧쯧.

81_ 하지만 남부 꼴통들은 의외로, 제퍼슨 데이비스 대통령의 영도하에 전투에서 승리하고 있습니다?

82_ 그리고 사회자인 미드 의사 선생은 **봉쇄 돌파자** 한 명을 소개 하는데….

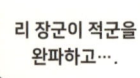

리 장군이 적군을 완파하고….

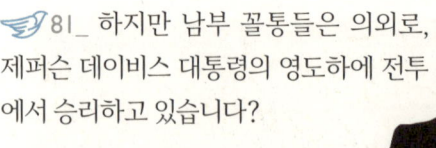

여기 가장 대담한 봉쇄 돌파자 한 분을 모셨습니다.

83_ 봉쇄 돌파자란 북부의 해상봉쇄를 뚫고 물품들을 수입하는 잠항업자들을 뜻합니다. 목화 농사가 주산업이었던 남부는 배를 만들 능력이 없었습니다. 그래서 전쟁이 시작되자 북부 해군에게 탈탈 털리고, 남부는 심각한 물품 부족에 시달리죠. 정말 레트의 말대로인데….

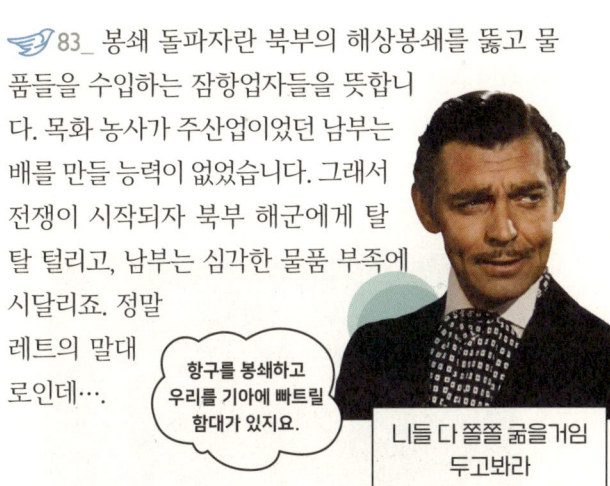

항구를 봉쇄하고 우리를 기아에 빠트릴 함대가 있지요.

니들 다 쫄쫄 굶을거임 두고봐라

84_ 그런데 그놈이 바로 그놈.

85_ 막가는 플러팅을 자행했던 그놈에 경악하는 스칼렛.

86_ 하지만 스칼렛은 레트 버틀러와 곧 친해지는데, 사실 레트는 스칼렛의 취향에 애슐리보다도 더 가까운 남자였답니다. 스칼렛은 힘을 사랑하고, 그래서 작고 약한 멜라니를 싫어하고 있었죠. 그런데 반대로 레트는 키가 크고 몸이 좋은 남자였습니다.

하긴 전쟁 영웅을 미워하는 건
애국이 아니죠

87_ 당시 귀족들은 근육질이라든가 까무잡잡한 피부를 육체노동의 상징으로 여겨 경원시했습니다만, 그거야 뭐 게으르고 운동하기 싫어하는 귀족 놈들의 정신승리에 지나지 않는 것이었겠죠. 어쨌든 멜라니로서는 만만찮은 상대를 만난 셈인데….

그날 열두 참나무에
버틀러 선장님도
오셨잖아, 스칼렛?

88_ 여기서 사건 발생. 하급장교 하나가 부인들의 패물을 기증받으러 다니기 시작하죠. 이것을 본 멜라니는

부인 여러분, 남부연맹의 대의를 위해
패물을 기증해주셨으면 합니다

🕊89_ 자기 결혼반지를 넣어버리죠. 이것은 이중적인 성격을 지닌 행동. 그중 하나는 여러분들이 이미 예상하시다시피….

스칼렛이 있으니 이건 이제 필요없어요.

그건 결혼반지가 아닙니까? 부인

🕊90_ 다른 하나는 곧 알게 되실 거예요. 스칼렛도 이어 자기 결혼반지를 바구니에 넣어버리죠. 물론 스칼렛은 멜라니의 저 함의는 알지도 못하고 관심도 없고… 하지만 어쨌든, 결혼의 속박을 스칼렛도 벗어버리고 싶었던 것.

내 것도 가져가세요. 대의를 위해!

🕊91_ 소설에서는 이 장면의 선후관계가 다른데, 먼저 결혼반지를 투척하는 사람이 스칼렛. 그리고 멜라니가 응답하죠.

"오, 내 사랑darling!" 멜라니는 속삭였다, 스칼렛의 팔을 붙잡으며, 사랑love과 자부심pride에 불타는 눈으로."

🕊️92_ 그리고 멜라니의 다음 대사는 이렇습니다. "네가 그렇게 용감하지 않았더라면 나도 그러지 못했을 거야!" 마거릿 미첼 미친 사람….

미첼

🕊️93_ 광기 어린 순간에 난입하는 의사 선생.

- 멜라니!
- 네, 미드 선…

🕊️94_ 자선행사의 주최자인 미드 선생은 어떤 일에 관해 멜라니의 허락을 맡고자 합니다. 여기서 멜라니에 관해, 영화가 소설과 설정상 가장 다른 점이 드러나죠. 영화에서 멜라니는 이 시점에서 이미 애틀랜타 시민사회의 **실세**입니다.

위원인 당신의 허락이 필요해요

95_ 이것은 말이 좀 안 되는 이야기인데, 멜라니는 이때 고작 열여덟 살밖에 안 됩니다. 당시의 애틀랜타의 여성계는 멜라니의 어머니뻘의 중년 셋 – 미시즈 Mrs. 메리웨더, 엘싱, 화이팅의 트로이카가 권력을 분할해 가지고 있는 것으로 묘사되죠.

> 어떤 일을 하려고 하는데 좀 고약한 걸까 싶어서!

96_ 물론 소설에서도 멜라니는 나중이긴 하지만 애틀랜타의 짱을 먹어요. 그러니까 이십 대 초반에. 여기서 멜라니의 재능이, 천재적인 재능이 드러나지요. 그것은 바로 정치질입니다.

97_ 여기서 잠깐. 멜라니는 분명 몸집도 작고 건강도 영 아니올시다에 매우 '여성스럽고', 그러니까 얌전하고 순종적이고 상냥하고 자기 주견도 전혀 없(어 보이)는 사람이었잖아요? 다들 그렇게 얘기하고 있었습니다. 그런데 무슨 현실정치적 재능이란 말인가요? 대체 무엇이 그것을 가능하게 할까요?

하는 말이라곤
네, 아니오라고밖에 없고

2

Again, Gone with the Wind

솔직, 소박, 겸손, 성실, 용감 다섯 가지 덕목이 있으매 그것들이 늘 멜라니 해밀톤과 함께함이라

98_ **"그것은 바로 품성이야, 스칼렛."** 그렇다, 품성.

99_ **품성!**

이정미 정의당 전 대표

100_ 품성이란,

임종석 전 대통령 비서실장

101_ 품성이라 함은,

이정희 전 국회의원

102_ 과연 그것 품성은 대체,

충남 절대왕권의 수치스러운 붕괴 이후…

安
忠南

이석기 전
국회의원

🕊 103_ 도대체 무엇인가요?

🕊 104_ 국어사전은 품성을 '품격과 성질을 아울러 이르는 말'이라고 정의합니다. 일단 우리는 좀 더 나아가, 이 품성을 '사람의 천성으로, 또는 그 천성과 같은 것으로 여겨지는, 그리고 도덕적 또는 실용적으로 우열을 논할 수 있는, 타인에 대한, 어떤 개인의 성격적 태도'로 정의해봅시다.

🕊 105_ 가령 마키아벨리는 르네상스기 이탈리아의 도시국가의 군주의 경우, 그이는 냉혹하고 위압적인 인간일수록 정치적으로 성공하기 쉽다고 분석했죠. 그런데 언뜻 정반대에 가까운 의견도 있습니다.

김영환
시민운동가

🕊 106_ 지금은 당연히 뉴라이트로 전향하신 일명 **강철**, 곧 김영환 선생은 1984년에 당신의 노작 <강철서신>에서 사회주의운동가 아니 이것은 사실 사회주의가 아니라 김일성주의 즉 주체사상입니다 다만 하여튼, 그 운동가의 가장 중요한 자질로 **품성**을 들었습니다.

71

107_ 품성론의 요지는 사회이론보다는 품성, 즉 사람 됨됨이 또는 인간적 태도가 더 중요하다는 겁니다. 그리고 그 품성이 어떤 것인지도 제법 자세히, 항목을 나눠 제시하지요.

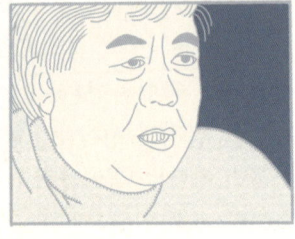

박홍
전 서강대 총장
☞ 신부. 교육자. 젊은 시절 민주화운동을 지지했으나, 90년대 들어 학생운동을 주체사상으로 규정하고 비판에 앞장섰다. '사회 각계에 1만 5천의 주사파가 진출해 있다'고 주장하기도 했지만, 근거는 없었다.

108_ 그 품성적 요청이란 솔직함, 소박함, 겸손함, 성실함, 용감함의 다섯 가지죠. 이 다섯 가지 힘을 하나로 모으면 유사-사회주의적 혁명을 할 수 있답니다!

캡틴 멜라니

109_ 더 자세하게는

솔직, 소박, 겸손, 성실, 용감한 품성을 갖고 있는가, 그렇지 않은가. …소박한 품성이란 사치나 허영, 공명심에 빠져 있지 않은 품성을 말한다. …겸손한 품성이란 거만하지 않은 품성을 말한다.… 성실한 품성은 나태, 방탕하지 않은 품성을 말한다. -<강철서신>

김영환 시민운동가

110_ 이런 **품성**을 가지면 어디에 유용하냐 하면, 타인을 설득하기가 좋습니다. 특히 대면적인, 그러니까 개인과 개인 또는 소수의 사람이 직접 만나는 관계에서 그렇죠. 잠시 기억을 되돌려 레트 버틀러를 봅시다.

111_ 이렇게 말하는 게 **싸가지**가 없고 잘난 척을 해대면 사람들이 싫어하죠! 맞는 말을 해도 소용이 없어요.

미안하오.
진실이 불쾌하다면야

112_ 아니, 그 싸가지 없는 놈/년이 맞는 말을 할수록 사람들은 오히려 더 분노하고 일부러 반대편에 선답니다.

113_ 따라서 주사파의 대부 김영환 선생 가라사 대,(특히 김일성주의처럼 아이템이 황당한 것이라면 특히 그렇겠죠.) 설득을 하기 위해서는, 자신을 낮추고

나도 그러면 좋을 텐데, 하고

114_ 헌신적이며

난 피곤하지 않아, 스칼렛.

115_ 상냥해야겠어요, 바로 멜라니 해밀턴 동지처럼…!

빛나는 희생정신이잖아

116_ 심지어 멜라니는 그 **상냥함**으로 세상에서 자기 제일 싫어하는 스칼렛조차 자신과 같이 살게 만들 재주가 있단 말이죠. 그러니 다른 누군들 자기 편으로 못 끌어들이겠어요?

117_ 이것은 복잡한 정치적 문제로 들어가면 더욱 그런데, 사람들은 대부분 문제를 감정적으로 판단하고, 애초에 판단하기조차 귀찮아하는 경향이 있단 말이죠. **품성**을 잘 닦아놓으면, "우리 멜라니 하고 싶은 대로 다 해."가 된단 말씀.

118_ 김영환 선생의 **품성론**에서 특기할 만한 점은 여성성을 아주 강조한다는 겁니다. 물론 이것은 구체적으로는 가부장제의 **어머니**상이죠. 희생적이고 헌신적이며 자식과 정서적으로 매우 밀접한, 바로 그런 모습이 운동가에게 요구되죠. 잠깐, 이것이야말로 멜라니 해밀턴이 아닙니까?

🕊️119_ 물론 멜라니는 정상가정의 수호에는 사실 관심이 없는 인간이라는 게 특히 소설에서 여러 차례 드러납니다만, 멜라니는 그런 어머니상을 적어도 매우 잘 연기하죠. 뭐, 애들은 정말 좋아하는 것 같다는 느낌이긴 합니다. 그런데 모성애란 필요에 따라 생긴다는 점을 이 소설이 아주 잘 표현하는지라….

120_ 그러니까 가부장제적 여성성, 래디컬의 표현 대로라면 **코르셋**이 언제나는 물론 아니겠고(앞서 마키아벨리의 경우를 보았죠!), 어떤 경우에는 정치적으로 유용할 때가 있다는 겁니다. 멜라니의 다른 것도 비슷한데, 주견이 없어 보이는 것도 마찬가지입니다.

> 파리한 얼굴에 아첨이나 떠는 얼간이, 정말 싫어.

◆ 민족해방론 National Liberation의 약자로, 민족해방론을 따르는 민족주의자들을 지칭하는 용어이기도 하다. 미국을 배격하고 민족의 통일을 이룩하는 것이 NL의 최대 목표였다. 8, 90년대 한국 운동권의 다수파로, NL이 흥하는 데 결정적 공헌을 했던 책이 김영환의 <강철서신>

121_ 실제로 민족주의계열 운동권 – 그러니까 김영환의 영향을 직접적으로 받은 NL◆쪽 처세론 같은 걸 보면, 그냥 바보처럼 행세하라고 하죠. 복잡한 이야기는 해봤자 마이너스니 애초에 할 필요가 없다고. 멜라니도 마찬가지. 시시콜콜 말해봤자 이익이 없으니 가만히 있는 것.

> 전쟁이란 말, 니들 한 명이라도 꺼내면! 집에 들어가서 문을 닫아버릴 거야.

🕊 122_ 뭐 여담이지만 소설의 멜라니는 영화보다 더 말이 없는 편인데, 뭐 당연하겠지만 영화에서 대사가 없으면 이야기 전개가 쉽지 않겠죠. 맨 처음의 플러팅 장면도 '…드레스가 너무 예뻐, 스칼렛….' 정도.

스칼렛과 친구하고 싶어서… 꼭 그러고 싶어.

🕊 123_ 멜라니가 아주 가끔씩 말을 유창하게 할 때가 있는데, 흥분했을 때. "님들 그렇게 말하면 안 되죠!!!! 지금 A라는 사실과 B라는 사실로 보면 상황이 C인데 님들처럼 하면 돼요, 안 돼요? D로 가야죠, 그렇죠 에헴!!!!!" 이러면 스칼렛은 "어… 얘가 이런 얘가 아닌데???"라고 놀라고 바로 잊어버리죠.

🕊 124_ 멜라니가 이날 자선파티에서 흥분하는 장면이 소설에서 나오는데, 바로 방위로 빠져 있는 병사들을 목격했을 때.

방위병
☞ 후방에서 향토 방어를 담당하는 병력. 한국의 방위병력은 한때 10만에 이르기도 했다.

125_ 멜라니는 "사지멀쩡한 놈들이 왜 후방에서 얼쩡대고 있어, 싹 다 최전선으로 보내야…"라고 중얼대고, 사람들이 깜짝 놀라자 "아니 그게 상황이 지금… 어라, 제가 지금 무슨 소리를 호호호."라고 얼버무려버리죠. 여기서 잠시 전쟁 상황에 대해 알아봅시다.

대결하는 북군과 남군 병사

126_ 당시 북부-남부의 대립관계를 엮어보면 이러한데,

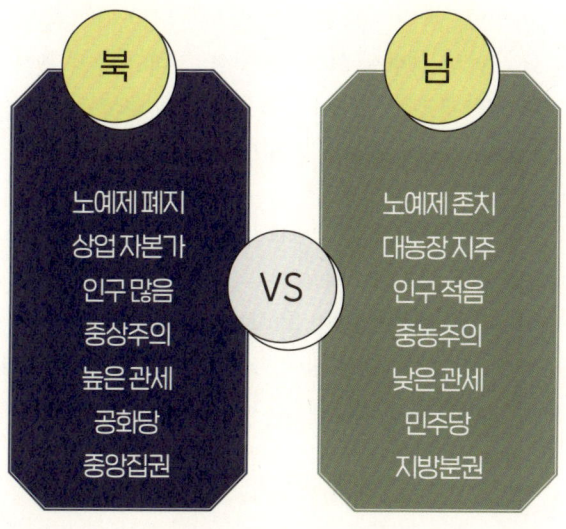

북	남
노예제 폐지	노예제 존치
상업 자본가	대농장 지주
인구 많음	인구 적음
중상주의	중농주의
높은 관세	낮은 관세
공화당	민주당
중앙집권	지방분권

남북전쟁의 배경 및 전쟁 상황

멜라니와 스칼렛의 어린 시절, 노예제도는 미국의 분열을 불러오고 있었습니다. 미국이 결국 남과 북으로 나뉘게 된 건, 노예제에 대한 입장 외에도, 그 둘이 본질적으로 다른 사회여서였죠.

북부에서는 자본주의가 막 발달하고 있었습니다. 그런데 아직 기술력이 유럽보다 낮았던지라, 북부의 자본가들은 관세를 높게 매겨 자국 산업을 보호하고자 했어요. 이 자본가들은 노동의 숙련을 막고 인력의 이동을 방해하는 노예제도를 눈엣가시로 여겼죠.

한편 남부는 농업사회로, 대농장주들이 동네 왕초 노릇을 하고 있었습니다. 대농장들은 노예들의 강제 노동으로 굴러갔지요. 그렇게 재배한 상품작물들을, 특히 목화를 대농장주들은 유럽에 판매했고, 그곳에서 공업 제품을 구입했어요. 관세만큼 그들의 수입이 줄어드는 셈이었죠.

물론 대농장주들은 남부에서도 소수에 불과했습니다. 여기서 대농장주들은 가난한 백인들을 선동하기 위해, 농업사회 특유의 배타성을 부추기게 됩니다. 대표적으로 흑인에 대한 인종차별이지요. 하지만 애초에 북부가 남부 전체보다 인구가 훨씬 많았습니다. 게다가 노예제도 폐지는 이미 세계적인 대세가 된 상태였죠.

기존의 지배가 흔들릴까 우려했던 대농장주들은 극단주의를 유행시켰고, 이것은 제 발등을 찍게 됩니다. 바로 보수정당이었던 민주당의 분열이었습니다.

　이 결과 남부인들은 노예제 폐지론자이자, 덤으로 관세와 강력한 중앙정부까지 추구하는, 대농장주 입장에서 최악의 대통령을 목격하게 됩니다. 바로 에이브러햄 링컨이죠.

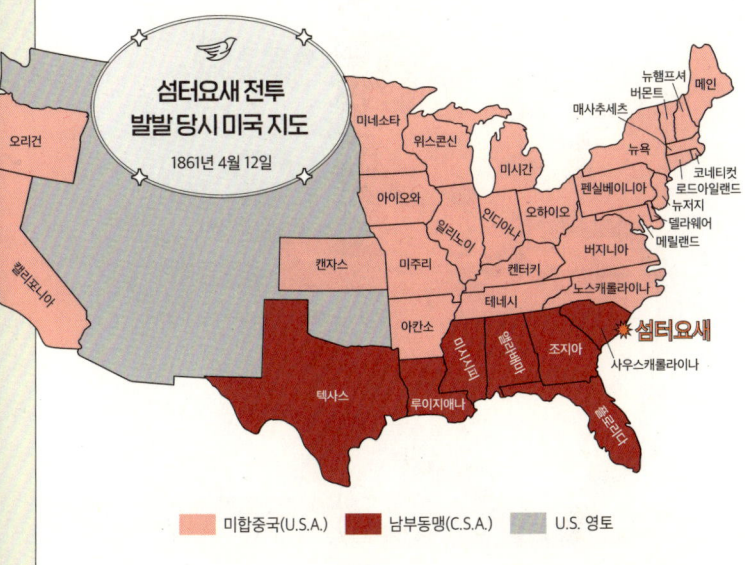

　이대로는 안 되겠다고 생각한 남부 주들은 연방을 탈퇴하기 시작했습니다. 링컨은 이것을 그냥 놔둘 생각이 없었답니다. 링컨은 섬터 요새에서 일어난 충돌을 빌미로 무력 개입을 결정했어요.

　어쩌면 남부가 승리하는 가장 분명한 방법은 속전속결이었을 것입니다. 링컨이 취임하고 전열을 정비하기 전에 말이죠. 하지만 남부의 가장 큰 목표는 독립이었고, 남부인들은 북부를 점령하는 데는 관심이 없었습니다. 결국 남부연맹의 제퍼슨 데이비스 대통령은 방어전을 펴기로 결정했지요.

 반면 링컨 대통령은 신속히 남부 지역을 수복하고 싶어 했지요. 남부연맹 정부가 인민에게 통제력을 발휘하기 전에 말예요. 하지만 북군이 이기는 가장 분명한 방법 역시 링컨의 소망과는 달랐으니, 우월한 공업력과 해군력을 이용하여 남부를 봉쇄, 그들을 '말려 죽이는' 것이었습니다. 윈필드 스콧의 일명 '아나콘다 작전'이 바로 그것.

아나콘다 작전

 전쟁은 크게 서부와 동부로 나뉘어 진행됐어요. 서부에서는 거대한 미시시피강 위에, 북군이 군함들을 띄워 남군을 압도해 나갔습니다. 반면 동부전선에서는 북군의 진격을 남군이 효과적으로 격퇴하고 있었죠. 전쟁은 그렇게 장기전으로 흐르기 시작했고, 많은 미국인들의 목숨을 앗아갈 것이었습니다. 미국이 오늘날까지 겪은 그 어떤 전쟁보다도 말이죠.

에이브러햄 링컨

링컨은 1809년 켄터키 시골의 통나무집log cabin에서 태어났습니다. 링컨의 집은 가난했고, 아이를 제대로 학교에 보낼 형편이 아니었죠. 소년 링컨은 손수 나무를 베는 것으로 커리어를 시작했어요. 하지만 그 손은 늘 책을 놓지 않았죠.

잡역부, 행상, 잡화점장, 측량 기사, 우체국장 등 다양한 일을 섭렵하며, 링컨은 정치에 관심을 갖게 되었습니다. 지역 레슬링 최강자라는 독특한 경력도 가졌죠. 정치와 일과 학업을 병행하며 변호사 자격증을 땄고, 연방 하원의원으로도 링컨은 활동했어요.

1858년 링컨은 상원의원 선거에서 유명 정치인이었던 스티븐 더글러스와 대결했습니다. 낙선했지만, 노예제도를 놓고 더글러스와 벌인 토론이 대흥행하며, 링컨은 노예제 반대의 상징으로, 전국급 유명인으로 발돋움합니다. 다음 해 공화당은 링컨을 대통령 후보로 지명했고, 마침내 그는 미합중국의 선택이 됐어요.

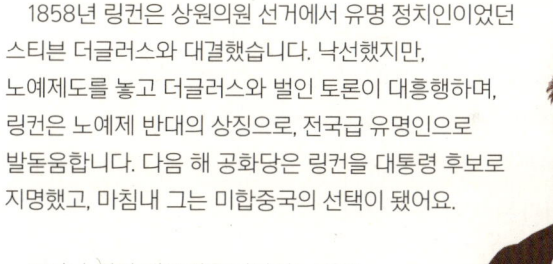

그러나 링컨 대통령을 기다리는 것은 분열된 나라였죠. 내전을 종식하고, 더 나아가, 변화의 문 앞에 선 미국을 새롭게 건설하는 사명이 링컨의 두 어깨 위에 놓였습니다.

127_ 미국의 노예제도는 극소수 대농장주들의 이익에만 부역하고 있었죠. 심지어, 나중에 밝혀지듯이 목화농장에 노예가 꼭 필요한 것도 아니었습니다(임금노동자를 쓰는 게 경제적으로 오히려 유리했죠!). 그럼에도 노예제 사수가 남부인들 전체의 입장처럼 된 이유는 인종주의적 선동 탓이었어요.

1869년경의 미국 민주당 홍보 포스터
☞ 민주당의 인종주의 선동 포스터로 공화당에게 흑인정당이라는 프레임을 씌우고 있다.

128_ 하지만 노예제는 국제적으로 이미 폐지가 대세가 된 상태. 북부도 인종차별은 심했지만, 자본가들이 지배하는 동네에선 대지주들의 선동이 씨알도 먹히지 않았죠. 설상가상으로 북부가 인구가 훨씬 많았기에, 남부인들은 북부 뜨내기들이 언젠가 자신들을 무릎 꿇릴 거라는 망상에 시달리게 됐죠.

노예제 폐지 시기를 나타내는 지도

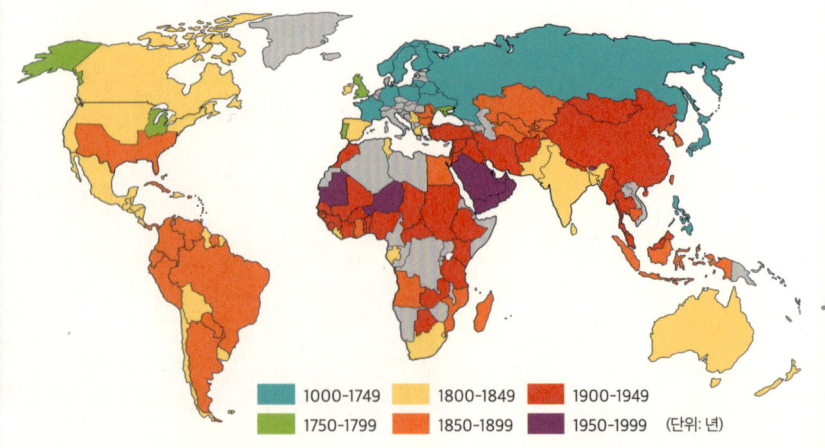

129_ 심지어 링컨마저도 노예제의 전국적 폐지는 현실적으로 당장은 어렵다고 생각하고 있었다지만, 피해망상에 시달리던 남부에서는 극단주의가 유행했고, 이 결과 민주당(당시에는 이쪽이 더 보수적인 정당)이 완전히 분열해서 표가 갈렸답니다. 이에 공화당의 링컨이 미합중국의 16대 대통령이 됐죠.

130_ 링컨은 확고한 노예제 폐지론자인 동시에, 더 강력한 연방정부를 추구하고 실제로 그것을 관철시켰던 인물이었죠. 이대로는 안 되겠다고 생각한 남부의 주들은 연방을 탈퇴하기 시작했고, 링컨은 이것을 불법으로 규정했죠. 당시까지만 해도 이것이 혈전으로 이어지리라고는 대부분 예상하지 못했다고.

링컨의 취임식

🕊 131_ 전쟁의 양상은 동부와 서부(현재의 미 중부 지역)가 사뭇 다르게 진행됐는데, 미국 중부에는 미시시피강이 있죠. 미시시피강은 워낙 큰 강이라 해군을 굴릴 수가 있었어요. 공업력이 월등했던 북부의 해군은 남부를 압도했고, 결국 가장 남쪽인 뉴올리언스에 폭탄드랍까지 성공해 승리 확정.

미시시피강

🕊 132_ 반면 동부에서는 고만고만한 장비를 갖춘 양 군이 치고받는 양상이 전개됐는데, 전쟁 초기에는 남군이 꽤 유리했습니다. 방어자인 남군의 사기가 높고, 장교단의 자질이 더 우월해서였죠. 전통적으로 남부 출신이 군인에 더 많이 지원했다고.

🕊 133_ 영화에서 남부 남자들의 전쟁에 대한 장밋빛 망상이 잘 묘사되지만, 이것은 북부도 만만치 않아서, 남부 촌놈들을 전투 몇 번이면 박살낼 거라는 선전을 진짜 믿었다는 모양입니다. 심지어 1차 불런 전투에서는 반란 진압을 구경하러 워싱턴에서 민간인들이 떼지어 소풍을 왔다고.

그놈들은 도주하기 바쁠 테니까!

134_ 그런데 불런 전투에서 북군은 남군의 방어선을 뚫지 못했고, 결국 구경 나온 시민들과 함께 도로 위 워싱턴까지 도주하게 되죠. 이 전투에서 유명해진 인물이 '돌벽' 스톤월 잭슨Stonewall Jackson◆.

◆ 토머스 조너선 잭슨 Thoma Jonathan Jackson
☞ 남북전쟁 당시 남부연맹의 지휘관. 미국 역사의 대표적인 용장 중 한 명으로, 방어전의 대가였다. 불런 전투의 눈부신 활약으로 스톤월 Stonewall이라는 별명이 붙었다. 1863년 아군의 오발사고로 사망했다.

135_ 남군의 장군들 중 유명한 사람을 한둘 더 꼽으라면, 유능한 야전지휘관인 제임스 롱스트리트James Longstreet,

136_ 그리고 이씨 가문이 낳은 또 한 명의 세계적인 명장, 로버트 리Robert E. Lee 장군이 있습니다.

137_ 남부가 개전 초기 동부 전선에서의 유리함을 잘 살리지 못한 이유는 어차피 전체 전력이 북군에 비해 열세인 점도 있었지만, 남부가 있는 전력도 완전히 활용하지 못했던 점도 있습니다. 원인으로 꼽히는 것 중 하나가 남부의 분권적인 정책이었죠.

138_ 이게 심지어 어느 정도까지 갔냐 하면, 주정부가 주방위를 핑계로 중앙군에 인력차출을 회피하는 지경이었죠. 반대로 남군이 총사령관인 리Lee에게 전군의 통일적인 지휘권을 보장했더라면 전쟁의 양상이 좀 달라졌을 거라는 견해가 만만치 않죠.

139_ 뭐 어떻게든 남부는 북부에게 졌으리라는 게 유력한 견해이긴 합니다. 그럼에도 "그때 그렇게 했어야 하는데!!!!!"라는 대체역사질은 전후 남부의 인기 레포츠가 되죠.

만약이란 걸 붙이면 다 우승하죠.

야구선수 정수근 ☞ "야구에 만약이란 건 없습니다. 만약이란 걸 붙이면 다 우승하죠"라는 명언을 남겼다.

140_ 이렇듯 남부의 구조적 문제 때문에 피 같은 전력이 빈둥대고 있었지만, 당시 일반인들은 그리 신경 쓰지 않고 있었고, 자식을 후방으로 뺀 부모들은 오히려 안도하고 있었죠. 하지만 극히 일부의 정치 고관심층에게 이것은 도저히 참을 수 없는 일이었어요.

141_ 물론 멜라니의 분개는 **품성론**적으로 볼 때는 부적절했고, 멜라니는 이내 **품성**의 품으로 돌아오게 되죠. 스칼렛은 말했듯 이런 정치적 사건들에 아주 무관심하고 굳이 기억하려 들지도 않습니다. 하지만 이 에피소드는 우리 독자들에게, 품성 속에 숨겨진 잔혹함을 일깨우죠. 소설의 대목을 잠깐 볼까요?

"방위병들의 모습에 자랑스러워하던 어머니들 여럿이 근처에 서 있었고, 그들은 멜라니의 말을 듣게 되었다. 스칼렛에게 향한, 기년 부인의 얼굴은 새하얬는데, 그녀의 스물다섯 살짜리 윌리가 그 부대에 있어서였다."

"멜라니의 여리고 검은 눈은 분노로 빛났다. (스칼렛에게) 내 남편은 싸우러 나가는 걸 두려워하지 않았어. 네 남편도 그랬듯이. 나는 그들이 집에 있는 것보다는 전사하는 편이 더ー오, 자기, 미안해. 내가 너무 무신경하고 잔인했구나!"

142_ 멜라니는 분명 친교를 중시하는 다정한 사람이었습니다만, 갑자기 남들의 고통은, 더 나아가 친구들의 죽음, 심지어 가족의 죽음조차, 멜라니에게는 사소한 문제가 되어버리죠. 그 위에 군림하는 정치적 이념이 그것들을 사소하게, 그리고 사람을 잔인하게 만들죠.

143_ 여기서 우리는 멜라니의 결혼반지 투척의 숨겨진 뜻들을 이해합니다. 스칼렛에 비해 가정이 사소하다는 것이고, 그리고 그 가정은 이념에 비해서도 역시 사소하죠. 멜라니의 '사랑love과 자부심pride에 불타는 눈'은 동성애적 지향과 아울러 멜라니가 가진 특정한 정치성의 강력함을 드러내죠.

> 그건 결혼반지가 아닙니까? 부인!

144_ 영화에서 멜라니의 이런 성향은 약간 다른 방식으로 표현되는데, 미드 선생이 릴◆의 선도◆◆와 그 파트너를 경매에 부치는 미친 짓거리를 시도하죠. 영화의 멜라니는 그것을 허락하죠.

◆ 남녀 한 쌍이 여럿 모여 추는 춤곡

◆◆ 영화에 나오듯 릴은 한 커플이 먼저 시작하며 주목을 받음

숙녀분을 선택하여 값을 부르십시오

🕊 145_ 소설에서 멜라니는 아직 그럴 만한 정치적 위치에 있지 않고, 애초에 미드 선생의 양남충짓에 동의하지도 않습니다. 소설의 멜라니는 여성주의적 문제에 깊은 이해를 보이는 인물.

🕊 146_ 하지만 정치적 목적을 위해서 수단방법을 가리지 않는 인물이 멜라니라는 점은 동일하게 표현되고 있죠. 그리고 애초에… 멜라니는 여성주의에 이해만 보일 뿐이지 그에 걸맞는 행동은 전혀 하지 않습니다!

🕊 147_ 멜라니에게서 보듯, **품성정치**는 타인을 매우 존중하는 듯하지만, 정치적 목적을 달성하기 위한 수단으로 그 사람들을 이용할 뿐이죠. 아니, 품성조차 땔감을 수집하기 위한 수단에 불과하죠! 물론 이것은 품성정치의 속성이 아니라, 제 사견이겠습니다만, 정치

그 자체의 속성.

북한 포스터

148_ 품성론의 뻔뻔함은 한국에서 희극적인 아이러니를 낳았는데, 김영환 선생 본인이 자신이 북한의 땔감으로 이용된다는 사실을 어느 순간 깨닫고 - 이것을 '현타'라고 하는 모양인데 - 뉴라이트로 전향한 것이죠! 남은 **대의**를 핑계로 이용해 먹으면서, 정작 자신이 이용당한다는 사실은 몰랐던 것.

김영환 시민운동가

149_ 역시 흥미롭게도, 소설에서는 이런 표리부동함을 잘 구현하는 정치인이 하나 등장하죠. 시대의 양심이자 박애주의자로 행세하지만 정치적 목적을 위해서는 온갖 비열하고 잔학한 짓도 서슴지 않는 인물 - 바로 에이브러햄 링컨입니다.

🕊️ 150_ 링컨은 미국 역사상 최초로 징병제도를 시행했어요. 그런데 돈만 내면 군대에 안갈 수 있었습니다. 부자들의 돈은 돈대로 먹고, 병사 부족을 이유로 링컨은 유럽에서 이민자들을 모집했죠. 징병에 반발하는 시위대는 무자비하게 진압됐어요.

1863년 뉴욕에서 일어난 징병 반대 폭동

커티스 르메이
Curtis Emerson LeMay
☞ 제2차 세계대전 당시 미군 항공 부대 지휘관. B-29편대를 동원한 전략폭격 작전으로 도쿄, 오사카, 나고야 등 일본 대도시들을 초토화시켰다.

🕊️ 151_ 링컨은 전시 언론을 검열하고 열심히 탄압하기도 했죠. 북군의 최고 지휘자로서도 링컨은 잔인하기 이를 데 없어, 적을 집요하게 물어뜯고 추격하며 남군에게 소모전을 강요했고, 남부로 진군해서는 마을과 농지들을 초토화시켰죠. 남부 민간인들에게는 끔찍한 재난이었어요.

🕊️ 152_ 하지만 어떤 수를 써서라도 저지르고야 마는 링컨의 리더십이 집권화된 중앙정부를, 그리고 전시 산업을 구축했고, 북부는 그 효율성으로 말미암아 내전에서 승리를 거두었죠. 그리고 강력한 미래의 미합중국까지, 모두 링컨의 계획대로였습니다. **펄~럭!**

153_ 링컨에 맞서는 남부에도 **링컨**이 필요했죠. 스칼렛이 남부 정치인들에게 불만을 갖는 장면은 암시했던 거랍니다 – 링컨에 대한 갈망을. 그리고 스칼렛 앞에 정말 링컨이 등장하죠. 냉혹하게 판단하고 주저 없이 실행하는, 남부가 요청하는 바로 그 인물 – 멜라니 해밀턴입니다.

154_ 앞서 남부 패배자들 사이에서 대체 역사질이 매우 유행했다고 이야기했죠? <바람과 함께 사라지다> 역시 투덜대고 있는 거랍니다. "제퍼슨 데이비스 대신 멜라니 해밀턴(같은 사람)이 대통령이었어야 했는데!" 하고요.

멜라니 해밀턴 (왼쪽)과 제퍼슨 데이비스 (오른쪽)

155_ 뭐 여담이지만 제퍼슨 데이비스가 전후 남부에서 좀 과도하게 까여왔다는 이야기도 있긴 있습니다. 그렇게까지 나쁜 지도자는 아니었다고. 하지만 처음부터 전력이 밀렸던 남부에는 더 뛰어나지는 않더라도 적어도 링컨에 맞먹는 지도자가 있어야 했죠.

프리드리히 대왕

🪶 156_ 보시다시피 품성론의 표리부동함은 마키아벨리즘과 거기서 거기입니다. **품성**이란 단지 수단이고, 정치인의 본질일 수 없어요. 단지 적합한 품성을 정치인이 상황에 따라 구현할 뿐이겠죠. 여기서 정치가에게 필요한 능력이 바로 뭘까요? 바로 **자기객관화**입니다.

◆ 강준만,
<미국사 산책 3>

🪶 157_
내가 볼 때 링컨의 기묘한 점은 스스로를 객관화한다는 점입니다. 즉 또하나의 자신이 자기 스스로를 보는 것입니다. 그것은 매우 기이하고 섬뜩하며 고도의 지능적인 현상입니다. _셸비 푸트◆

🪶 158_ 더욱 흥미로운 대목은, 링컨이 처음부터 저런 능력을 타고난 건 아니었다는 거. 젊은 시절 링컨은 언변이 장황하고 잘난 척하기 좋아하는 재수없는 인간이었다고. 보통 이런 유형은 나이를 먹을수록 더 악화되곤 하죠.

이준석 정당인

🕊️ 159_ 그런데 링컨은 중년의 어느 순간 갑자기 자기객관화의 비밀을 깨달았대요. 그리고 우리가 아는 그 링컨, 사람을 감동시킬 줄 아는 명연설가가 되었답니다!

🕊️ 160_ 하지만 멜라니 해밀턴 수령님께서야말로 십 대 때 솔방울로 수류탄!이 아니라 자기객관화의 극의에 이미 통달하고 계시죠. 앞서 본 대사―

멜라니: 오, 자기, 미안해. 내가 너무 무신경하고 잔인했구나!

무신경하고 잔인한 것 자체보다, 그것을 자기 자신이 돌아볼 수 있다는 점이 더 '섬뜩하죠'.

🕊️ 161_ 이렇듯 **품성론**은 마키아벨리즘으로 귀결되죠. 이 자체는 문제가 아녜요. 저는 극히 예외적인 경우를 제외하면, 마키아벨리스트만이 성공한 정치인이 될 수 있다고 생각합니다. 문제는, **품성론**의 문제는, 그리고 멜라니의 문제는, 그 수단 너머의 목적에 있죠.

문재인 대통령 (왼쪽)과 모디 인도 총리(오른쪽)

162_ 링컨을 봅시다. 링컨은 노예를 해방했고, 막강한 산업국가인 미국을 만들었습니다. 물론 링컨이 다 옳은 건 아니었고 나름의 어둠이 있었지만, 그 성과는 무시할 수 없죠. 반면 멜라니는 어떤가요? 노예제도를 옹호하는 남부인이 아닌가요?

링컨(왼쪽)과 멜라니 해밀턴 (오른쪽)

163_ 현대인들은 - 이제 현대인의 상식이란 의심스러운 것이지만 - 노예제를 옹호하는 남부 꼴통들이 그릇되었다고 말할 수 있겠죠. 멜라니도 그런 남부를 지지하고 있으니 당연히 잘못이라고 얘기할 수도 있겠죠. 맞습니다. 하지만 멜라니의 문제는 거기서 그치지 않습니다. 그것이 진짜 문제죠.

스쿠너를 몰고 양키들의 포화를 피해

164_ 멜라니가 찬성하건 반대하건, 소설에서나 영화에서나. 미드 선생의 경매는 계속됩니다. 25달러가 최고액.

패니 엘싱 양에게 25달러

165_ 갑자기 순금으로 150달러를 부르는 레트. 왜 금 기준인 게 중요하냐면, 남부연맹에서는 지폐를 마구 찍어서 화폐가치가 폭락하고 있었기 때문. 북부도 돈은 열심히 찍어냈지만, 링컨이 하는 일답게 중앙정부로의 화폐통일 – 일명 그린백 – 을 달성하는 **빅 픽처**가 됐죠.

150

150달러, 순금으로

166_ 150달러에 방긋하는 미드 선생. 어느 분이랑 추시겠어요?

167_ 스칼렛을 외치는 레트.

168_ 미친놈아, 아무리 그래도 그건 아니지…!

169_ 아냐 나도 미쳤어.

> 오, 아녜요.
> 할 거에요.

170_ 졸도하는 피티 고모.

171_ 멜라니가 맡아놓은 **링컨** 자리를 채가는 레트 버틀러. 누구도 이 헤테로들을 막을 수 없으셈.

오늘 밤은
에이브러햄 링컨하고라도 추겠어!

🕊 172_ 여담이지만, 역사적 배경을 전혀 모르는 독자에게도 스칼렛의 "에이브러햄 링컨하고라도 추겠어!"는 매우 적절하고 인상적인 대사로 읽히죠. 남자만 밝히는 스칼렛의 관점과 멜라니의 역사적 정신성이 톱니바퀴처럼 잘 맞아떨어지고 있죠. 작가로서의 미첼의 장점이 드러납니다.

🕊 173_ 신나게 춤추는 스칼렛. 레트는 멜라니의 강력한 라이벌이죠. 이성애자 여성을 차지하기에 남자인 점은 확실히 유리하죠. 심지어 정치에 있어서도 그렇습니다.

평판 따위는 굳센 용기로써
이겨낼 수 있지요

174_ 레트 버틀러는 자본주의자입니다. 저렇게 말하면 좀 이상하긴 한데, 어쨌든 자본주의를 잘 이해하는 사람이죠. 그는 자본주의가 남부에 몰고 오는 급격한 변화를 두 가지 방식으로 극복하려 들죠. 하나는 자본주의적 합리성, 간단히 말해 돈이고, 다른 하나는 쾌락입니다.

175_ 뭐 자본주의적 합리성은 둘째 치고 쾌락도 일단 돈이 있어야 가능하니, 돈이 어쨌든 가장 중요한 것이겠죠. 반면 유통기한이 만료되고 있는 옛 질서들에 레트는 냉소적인 입장을 취하죠.

낭비만 보면 화가 나. 이런 것들, 이건 철저하게 낭비야.

176_ 자선 파티가 끝난 후, 레트는 멜라니의 결혼 반지를 **돈으로 사서** 다시 멜라니에게 돌려줍니다. 한 큐에 명분(신사도)과 실리(멜라니에게 가정에 충실하라고 권유+스칼렛을 만날 핑계 획득)를 모두 취하는 링컨적 행동이에요.

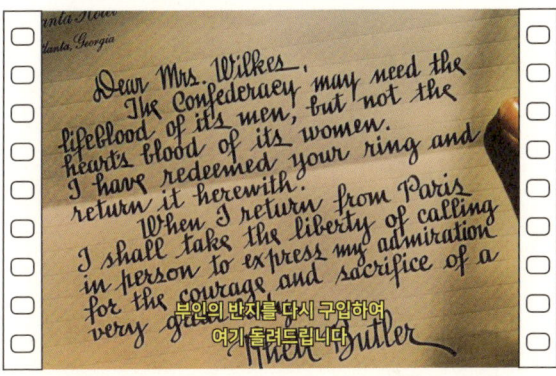

177_ 그리고 레트는 정말 스칼렛에게 놀러오기 시작하죠. 빠리제 신상들과 함께….

신상품을 얻는 게 얼마나 오랜만인지!

🕊️ 178_ 레트의 이 말에서 쾌락주의적인 면이 잘 드러나죠. 레트는 링컨이며 링컨의 아들인데 - 링컨이 몰고 온 전시와 전후의 고도성장기를 상징하는 인물입니다. 한국의 그리 멀지 않은 고도성장기에도 이런 사람들이 많았죠 - 투기꾼.

16살에서 60살까지 당신에게 즐거움을 주는 남자는 나뿐이니까

🕊️ 179_ 이 시절에는 산업이 마구 발전하고 특히 전시에는 물가 변동이 극심해 투기가 판을 쳤죠. 누구나 마음 속에 비트코인이 있었던 때. 그리고 전근대적인 질서와 함께 공동체가 해체되기 시작했어요. 사람에게 유대는 중요한 것. 돈이 중요한지 유대가 더 중요한지는 모르겠지만 어쨌든 둘 다 중요하죠.

<자유로부터의 도피>
☞ 현대사회에서 인간이 소외되는 원인을 논하고, 그 소외를 극복할 방법을 모색하는 책이다.

🕊️ 180_ 레트의 쾌락주의는 사실 도피적인 성격이 짙고, 이면에는 근대의 불안이 도사려 있는 것이죠. 레트는 스칼렛과의 사이에서 그 나름대로의 유대를 원하지만, 이 작업은 의외로 잘되지 않아요.

아직도 그 한심한 윌크스 씨를
잊지 못했군!

🕊 181_ 레트는 어쨌든 핑계일지언정 멜라니에게 방문한 것이고, 멜라니를 매우 친절하게 대합니다. 멜라니 역시 레트와 의외로 가깝게 지내죠. 스칼렛은 둘이서 무슨 이야기를 나누는 걸까 내심 궁금해한답니다. 사실 이건 뻔한데-정치 얘기겠죠, 뭐.

버틀러 선장님!
이렇게 다시 만나
기뻐요.

182_ 소설에서 스칼렛이 멜라니에게 온 애슐리의 편지를 훔쳐보는 장면이 나와요. 스칼렛은 부부 사이를 염탐하려는 것이고, '편지에서 강렬한 사랑의 느낌 같은 건… 없네! 없어! 오 예!' 하고 내심 만족하고 끝. 그런데 그 편지의 내용을 살펴보면 죄다 정치 이야기입니다.

183_ '전시경제 때문에 상공업이 발전하고 대농장들도 다 상업적으로 변모하고 있는데 수꼴인 나로서는 도저히 용납할 수 없어, 역시 전쟁을 하지 말았어야 하는데 흑흑…' 이 애슐리의 편지의 요지. 애초에 전황 자체가 불리한 건 덤이고 말이죠.

184_ 어쩌면 전형적인 낀*부부라고도 할 수 있겠는데요. 정치성 또는 그와 유사한 관심사에 의해 결합했고, 대외적으로는 뭐 좋은 부부이지 않나 싶은데… 오직 정치적 난관을 극복하는 데에만 결합이 특화돼 있고, 서로 간에 끌림 특히 섹슈얼한 어트랙션은 있는지조차 잘 모르겠단 말이죠!

◆ 운동권을 뜻하는 신조어

내 핏줄이기도 하고 우리는 서로 잘 이해해.

185_ 그러다 꼭 다른 싱글에게 아내는 **동지**일 뿐이고 내가 정말 사랑하는 건 너라고 수작을 걸고 자빠졌고 그게 탄로나면 체면 때문에 이혼은 꿋꿋이 안 하고, 꼭 고행이 있어야 그나마 유지되는 관계이기에 서로를 괴롭히지나 않으면 다행이 아닐까나! 아니라고요? 아님 말고.

◆ '한방 타이밍 싸움'의 약자. 양팀 플레이어들이 전력을 동원해 맞붙는 상황을 일컫는다. 온라인 게임 스타크래프트에서 처음 쓰였다고.

186_ 한편 전쟁이라는 정치적 사건은 막 결판이 나려던 참이었어요. 장기전으로 가서는 답이 없겠다 싶었던 리 장군은 주력을 끌고 워싱턴을 점령, 전쟁을 단기간에 마무리지으려 했죠. 워싱턴으로 가는 길, 게티즈버그에서 북군과의 영혼의 한타◆가 벌어졌죠.

펜실베이니아의 게티즈버그란 마을!

3

Again, Gone with the Wind

게티즈버그전투가 일어나다,
승자는 링컨 곧 아브라함이라

187_ 그런데 졌어요.

> 사망자 명단!
> 사망자 명단!

 188_

남북전쟁(2)

롱스트리트: 아니 님, 거기서 던지면 어떡함?

로버트 리: 아, 킬각인 줄 알았는데 그걸 못 잡네.

롱스트리트: 킬각 같은 소리 하네. 애초에 거기서 한타를 왜 해?

189_

> **< 남북전쟁(2)**
>
> 롱스트리트: 상대방이 진영 다 갖추고 있는데 꼴아박고 지랄이고 와드◆는 어디다 팔아먹었길래…
>
> 젭 스튜어트: 안녕하세요, 와드… 아니 남군 기병대장 스튜어트입니다. 제가 추노에 눈이 멀어서 정찰을 못했…
>
> 롱스트리트: 야이ㅗㅗㅗㅗㅗㅗㅗㅗㅗㅗㅗㅗㅗㅗㅗㅗ…

◆ 파수꾼. 일상회화에서는 사어에 가까우나 LOL(일명 롤게임. 리그오브레전드를 말함) 등의 게임에서만큼은 자주 사용됨

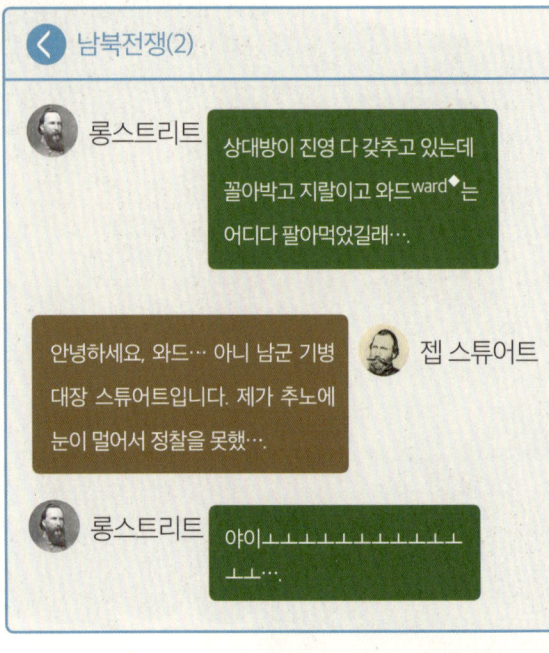
롱스트리트

190_ 롱스트리트는 전후 연방정부에 협력하는데, 이때다 싶었던 꼴통들은 롱스트리트를 분탕종자로 몰아 게티즈버그전투의 패배의 책임을 뒤집어씌웠죠. 덕분에 롱스트리트는 오랫동안 평판이 나빴다고. 하지만 객관적으로 보면 총사령관 리의 판단 미스가 크지 않았나 싶죠.

191_ 물론 리에게도 변명거리는 있는데, 10년이나 20년 전이었다면 비슷한 상황에서 남군이 북군의 방어선을 돌파할 수도 있었을지도 몰라요. 리가 **각**을 잘못 잡은 중요한 이유는 총포의 화력이 예전과 비할 수 없을 정도로 강해져서였답니다.

게티즈버그전투

🕊 192_ 남북전쟁 이전까지만 해도 상대적으로 소수의 병력이 근접한 거리에서 전투를 벌였죠. 대부분의 사상자는 양군이 격돌하는 순간이 아닌, 전세가 결정된 이후 추격과 도주의 과정에서 나왔어요. 그런데 게티즈버그전투에서는 1만 2천5백의 군인이 적진을 향하던 도중에 증발해버렸던 겁니다.

🕊 193_ 북부와 남부 모두 철도로 더 많은 군인을 전장으로 실어 나를 수 있었고 발전된 화기로 더 많은 군인을 살상할 수 있었죠. 남북전쟁은 당시로서는 유례가 없을 정도로 엄청난 사상자를 낸 전쟁이었답니다.

게티즈버그전투

전쟁 3년째, 북부는 집요하게 남부 해안을 봉쇄하고 있었어요. 남부는 물자가 말랐습니다. 인명 피해도 심각하죠. 남군 총사령관 리는 결론 내립니다. '이제 정말 한타 대박뿐이야.'

남군이 크게 이긴다면, 그래서 북군 본진인 워싱턴을 점령한다면, 링컨이 다가오는 선거에서 낙선할 수도 있겠죠? 영국과 프랑스가 남부 쪽에 붙을 수도 있겠죠? 물론 리가 이긴다고 꼭 그런 일들이 일어나리라는 보장은 없어요. 하지만 리에게는 도박 외에 선택의 여지가 없었습니다. 대박을 위해, 리는 그전까지와는 달리 무리수를 놓기 시작했죠.

펜실베이니아로, 남군의 최정예 북버지니아 군단이 진격했습니다. 곧 기병대 간의 대격돌이 일어났고, 게티즈버그 전역의 막이 올랐죠. 무승부였지만, 남군 기병대장 젭 스튜어트는 이 결과를 모욕으로 받아들였습니다. 그전까지는 계속 이겼거든요. 스튜어트는 정찰도 한타도 내팽개치고 적을 쫓아 독자 행동을 시작했지요. 비행기도 인공위성도 없던 시절, 빠르게 움직이는 기병은 정찰의 핵심이었어요. 적의 동태를 알지 못하는 상황에서 리는 계속 워싱턴으로 향했죠. 반면 북군은 남군의 움직임을 상세히 파악하고 있었답니다.

남군의 일부가 게티즈버그에서 북군과 마주쳤을 때, 그들은 적의 병력을 과소평가하고 섣불리 공격했어요. 그러나 상당한 수의 북군이 이미 고지에 진을 치고 있었죠. 전투 첫날 남군은 북군을 밀어붙였지만, 북군은 가장 중요한 요충지인 '묘지 언덕'에서 버티는 데 성공했습니다. 남군은 정보 부족으로 머뭇거렸고, 그사이 북군은 지원병을 보내 남군의 진격을 저지했죠.

　이틀째, 북부의 지원군이 속속 게티즈버그 전장에 도착했죠. 장비도 북군이 우월했고 지형도 북군이 유리했습니다. 심지어 병력도 북군이 많았죠. 롱스트리트는 워싱턴 방면으로 우회해 북군을 끌어내자고 제안했습니다. 하지만 리는 빠르고 분명하게 승부하기를 원했어요. 롱스트리트가 완벽한 타이밍을 재며 시간을 끄는 사이, 북군이 오히려 방어선을 보강했고 남군의 공격을 격퇴했습니다. 스튜어트의 기병대는 이날 늦게서야 돌아왔지요.

　사흘째, 리는 롱스트리트의 반대에도 결전을 준비했습니다. 피켓이 지휘하는 1만 2천5백의 보병부대가 북군의 진지로 용감하게 돌격했습니다. 하지만 이것이 리의 커리어에서 가장 뼈아픈 실수였죠. 과학기술은 대포의 살상력을 인간의 상상 이상으로 끌어올렸던 것입니다. 북군 포병 부대가 탁 트인 평지를 전진하는 남군에게 무자비한 포격을 가했어요.

　피켓의 여단은 전멸했습니다. 남군은 다시 고향으로 퇴각할 수밖에 없었어요. 게티즈버그는 남북전쟁에서 가장 중요하며, 또 가장 많은 피를 흘린 전투였습니다.

194_ 가족의 죽음에 눈물을 흘리며 연주하는 소년 악단병. 연주하는 곡은 <딕시dixie>입니다.

<딕시>

195_ 딕시는 남부인의 별명 또는 애칭쯤 됩니다. 남부의 비공식적 국가의 위치에 있었고 전후에는 잠시 금지곡이 되기도 했다고. 북부에서도 대략 남부 반란군들의 대갈통을 부숴버리자는 내용으로 개사해 부르기도 했죠.

196_ 다들 전장에서 죽었지만 애슐리는 전사자 명단에 없다네요.

197_ 지록위마의 궤변으로 스킨십을 시도하는 멜라니. 실제로 보면 상당히 골 때리는 장면.

오, 스칼렛! 너는 너무 상냥해.
날 위해 애슐리 걱정을 해주다니!

198_ 남군은 게티즈버그전투의 패전으로 주도권을 완전히 상실했습니다. 영국과 프랑스 역시 북부에게 돌아서게 되었죠. 이제 남부연맹은 링컨의 똘마니들에게 두들겨 맞다가 무너질 운명.

남부는 무릎을 꿇었고,
결코 다시 일어서지 못하겠지

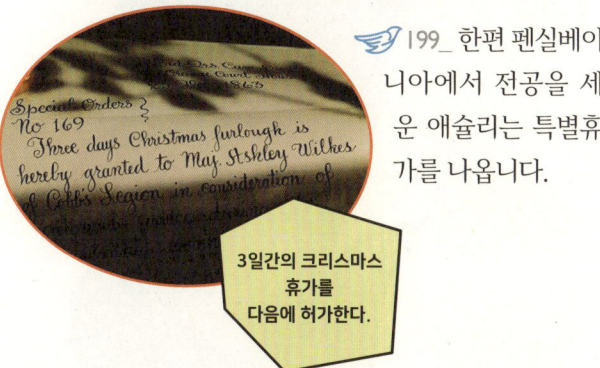

199_ 한편 펜실베이니아에서 전공을 세운 애슐리는 특별휴가를 나옵니다.

3일간의 크리스마스
휴가를
다음에 허가한다.

200_ 애틀랜타 기차역 장면. 부상병과 휴가군인들로 북적이는 와중에 눈여겨볼 것은 이 포스터◆입니다. 여성들에게 군수물자에 대한 지원을 독려하는 내용이죠. 전쟁은 전례가 없는 총력전의 양상을 띠었고, 여성들의 가정 밖에서의 활동이 굉장히 중요해졌어요. 멜라니의 정치적 도약의 배경.

◆ 조지아의 여성들이여! 우리의 용감한 군인들은 옷감이 필요합니다! 여러분은 전쟁을 할 수 없어도 바느질은 하실 수 있습니다!

201_ 총력전 따위야 알 바 아닌 스칼렛이지만, 사회적 속박을 벗어 던질 좋은 핑계. 간호와 자선행사를 명목으로 열심히 밖으로 (남자를 만나러) 나다니죠. 애슐리와의 재회 장면에서도 은근슬쩍 실크 보닛으로 – 과부답지 않게 – 멋을 부리는 중.
…애슐리와 멜라니의 포옹을 보며 심기가 심히 불편하지만.

202_ 애슐리의 휴가 마지막 날 밤.

203_

나 ㅅㅅ하러 갈 거당.
ㅎㅎ

잘 자, 스칼렛.

204_ 소설의 표현은 미묘하게 다른데, "하지만 이제, 스칼렛이 잘 자, 라고 말했을 때, 그녀는 멜라니의 뺨이 갑자기 진홍으로 물드는 것을, 그리고 어깨가 떨리는 것을 보았다. 멜라니의 눈이 카펫에 떨어졌다. 어떤 섬뜩한 감정에 그녀가 휩싸인 듯하면서도, 그것이 수줍은 행복인 것도 같았다."

205_ "애슐리가 방문을 열었을 때, 멜라니는 얼굴도 들지 않고 방 안으로 재빨리 들어갔다."
소설에서 이것은 휴가 첫날의 일이죠. 영화는 좀 특이한 점이 있는데, 스칼렛에 대한 성적 어트랙션으로 해석되어야만 하는 행동을 소설에서나 영화에서나 멜라니는 합니다. 그런데,

206_ 영화는 소설의 상황들을 자주 밋밋하게 묘사하며, 대신 다른 장면에서 멜라니의 호감을 표현하곤 하죠. 원작에 충실하려고 대단히 노력하는 영화임에도 말이죠. 어쨌든 복귀 날이 됐습니다. 애슐리는 층계를 걸어내려오다 스칼렛과 마주하죠.

정거장까지 배웅할래.

207_ 멜라니는 이상하게도 애슐리의 배웅을 나오지 않는데, **이별에 상심해서**라고 사람들은 생각하죠. 과연 실제로도 그럴까요? 물론 그러지 않는다는 보장이야 없습니다만… 밤중에 대판 싸웠다고 추측하는 것이 더 개연성이 있지 않을까요?

너무 상심하셔서요.
내려오지 마시라고 그랬대요

208_ 그 기회에 또 유부남에게 작업을 거는 스칼렛. 반짝반짝거리는 앙증맞고 가증스러운 눈동자.

너를 위해서라면 내가 뭘 못할까!

209_ 애슐리는 스칼렛에게 부탁을 합니다.

그럼, 나를 위해 하나만 해 줘

210_ 스칼렛: 그게 뭔데?
애슐리: 나를 위해 멜라니를 보살펴줘.

(#$%$#%^)

211_ 애슐리: 왜 그러냐면… 그… 멜… 멜라니는 너를 너무나 사랑해.(실제로도 말을 살짝 더듬음)

212_ ???

영화 <브로크백 마운틴>

213_ ??????

영화 <아가씨>

214_ ???????????

영화 <캐롤>

215_ 스칼렛의 머릿속에는 잘 해야 '자매애'쯤이나 남아 있을까요. 그건 학교에서 배우는 것이고, 멜라니 본인이 늘 이야기하는 것이기도 하니까요. "스칼렛! 나는 너를 단지 자매로서 애정하고 있단다! 이건 자매애니까 팔짱만 끼자, 얘!!!"

> 엄밀히 말하자면 레즈비언이겠지!

216_ 하지만 스칼렛은 이런 선전선동에도 넘어가지 않습니다. 이 사람은 누누히 말했듯 여성혐오자입니다!!!!!

> 이제 우리는 진짜로 정말로 자매인 거야!

217_ 그리고 스칼렛은 그다지 호기심이라든가 학구열이 없는 사람. 알 필요가 없다고 여기는 것은 굳이 알려고 하지 않고, 자신이 이해하지 못하는 걸 굳이 이해하려 들지 않아요. 그래서 무식한 사람이란 평판을 얻었죠. 물론 남자들은 여자가 똑똑하면 싫어하기에, 연애에는 언제나 지장이 없었답니다.

218_ 스칼렛이 돌린 화제에 따라 애슐리는, 남부 귀족들 모두 정치적으로 폭망했다는 이야기를 현학적으로 합니다.

219_ 그러거나 말거나 스칼렛은 남자를 꼬시는 데에만 매진해 딱 여기까지 성공.

220_ 혼신의 노력을 기울이는 스칼렛. 이쯤 되면 누구나 넘어가는 게 맞겠지만,

내 사랑은 오직 너뿐이었어

221_ 애슐리에게는 괴상한 자제력이 있지요. 아내랑 대판 싸우고 나왔어도 그이를 보살펴달라고 남에게 부탁할 수 있는 그런 것. 키스는 했어도 꿋꿋이 외도는 하지 않습니다.

222_ 여담이지만 부부싸움의 가설을 저는 매우 유용하게 보는데, 애슐리, 그리고 남성에 대한 멜라니의 성적 지향을 아예 부정할 수 있는 단서가 되기 때문입니다. 멜라니에게는 일단 동성애적 지향이 있습니다. 이것은 명백하며 어떤 가설로도 부인할 수 없어요.

223_ 그런데 멜라니의 이성애적 지향은 심히 불분명하죠. 애슐리에게 분명히 호의는 보이고, 가끔은 그것이 충분한 연정으로 느껴지기도 합니다. 하지만 그것은 표면적인 태도에 한정되고, 오히려 그것들을 곰곰이 뜯어볼수록 독자는 뭔가 부자연스러운 점을 발견하게 되죠.

224_ 이별할 때 다투었고, 게다가 그 문제가 성적 지향에 관한 것 – 애슐리가 스칼렛에게 솔직히(상대방은 못 알아들었지만) 이야기한 것이 힌트가 됩니다. – 이었다면, 애슐리가 전사하게 될 경우 멜라니는 특별한 죄의식을 느껴야하겠죠. 그 감정의 반동으로 열정적인 호의를 해석하는 방편이 열리겠어요.

225_ 어쨌든 애슐리는 전장으로 다시 떠나고, 멜라니 역시 그 나름의 전장에 남게 되죠. 앞서 기차역에서, 여성의 노동을 독려하는 포스터를 보았죠? 바느질 하는 여인들보다도 전쟁이 절실하게 요구했던 인력은 바로 간호원이었습니다.

226_ 바로 직전에 유럽에서는 크림전쟁이 있었고, 나이팅게일이 의무부대를 조직하고 간호원들을 양성했죠. 소설은 간호원 모집과 조직에 야단법석인 애틀랜타의 여성단체들을 흥미롭게 묘사해요. 이런 사회진출에는 **풍기문란**이 따랐지만, 이 여성들이 없으면 이미 전쟁은 이길 수 없는 것이 되어버렸죠.

227_ 무슨 성녀 같은 실루엣의 멜라니 해밀턴.

228_ 완전 (위인전 속의) 나이팅게일 코스프레 중.

내게는 돌아갈 집이 있지요.

229_ 멜라니는 전쟁으로 형제를 잃고, 자신도 병상에 누운 어느 소농 출신 병사와 대화를 나눕니다. 감동적인 장면이죠. 멜라니 해밀턴 같은 부유층들이 전쟁을 일으켰고 다른 사람들을 총알받이로 내몰아 죽고 다치게 만들었다는 사실을 자각하더라도, 여전히 감동적이죠.

어릴 때, 나랑 내 동생 제프는….

네, 알아요. 잘 알죠.

230_ 스칼렛은 그런 거 몰라요, 왜냐면 정치혐오 자라서요.

231_

이것이 멜라니 동지의
품성정치

232_ 멜라니: 이분도 애슐리처럼 홀로 쓸쓸히 낯선 장소에 있어. 나는 피곤하지 않아, 스칼렛. 여기 있는 사람들 모두 애슐리와 같아.
이것이야말로 아마 품성정치의 본질일 것입니다.

233_ 한국인들은 멜라니 해밀턴이나 레트 버틀러가 느끼는 바로 그 문제성을 절실하게 느끼고 있죠. 자본주의가 우리를 지배하기 시작했습니다. 그것은 공동체를, 심지어 가족공동체마저 해체하고 있죠. 반면 우리에게는 봉건적 농촌공동체의 기억이 굉장히 가까워요.

시찰 중인 박정희 전 대통령과 구자춘 당시 서울시장

<숲속의 두 여자>

234_ 소위 86세대까지는 그 기억에 따른 강렬한 향수에서 자유로울 수 없는 사람들이겠죠. 그러나 그들도 농촌공동체로 회귀할 수 없다는 걸 압니다. 사회적 유대감은 사람의 삶에서 가장 중요한 것 중 하나. 공동체가 그것을 가능하게 하죠. 그런데 그 공동체가 없어졌으니, 우리는 어찌하면 좋은가요?

도널드 트럼프
미국 대통령

235_ 그렇습니다. 그것이 국가이건 조합이건 마을이건 덕질 모임이건, 공동체는 재구성돼야 하죠. 적어도 – 재구성된다는 믿음이라도 줘야겠죠.

236_ 여기서 애슐리 윌크스의 태도는 나름의 독창성이 있죠. 곧, 이미 붕괴된 공동체를 재현하는 것이 불가능하다는 것을 이해하고, 그냥 침몰해버리는 겁니다.

237_ 레트 버틀러가 집중하는 것들은 자본주의가 제시하는 계산과 쾌락, 그리고 그 위에 세워진 임시적인 관계들. 산업사회의 꾸며낸 그 웃음들은 **진정성**의 대체품이 될 수 있을까요?

238_ 멜라니 해밀턴은 제3의 길을 추구합니다. 그 옛날 것과는 미묘하게 비슷하지만 분명 다른, 그리고 지금 것의 영향은 받았으되 그에 반대하는, 정서적이며 정치적인 공동체. 그것은 80년대 한국의 여러 대학생들이 추구했던 그 어떤 것과 매우 유사해요.

> 이 사람들 모두….

239_ 김영환 선생의 <강철서신>을 보면, 사회운동가가 품성을 갖추는 이점은 타인의 설득 그 이상에 있습니다. 바로 서클의 정서적 구심점이 되는 것이죠. 그 핵core이 되는 '품성인'에게 구성원들은 유사-가족적인 감정을 충족하며 자본주의사회의 결핍감을 해소할 수 있을 것입니다.

240_ 멜라니 해밀턴이 정확히 이렇게 행동합니다. 어머니처럼, 이모처럼, 누이처럼, 자매처럼, 큰며느리처럼. 현실의 가족보다도 더 이상적인 모습을 선보이죠. 하지만 그런 이상적인 모습들은 사실 이상하죠. 그것은 마치 자연스럽게 연기하는 것과 같아요. 집요하게 노력해야만 자연스러워 보일 수 있죠.

241_ 뭐 겸사겸사 지도자 동지가 품성적인 고로 구성원들이 정신적 유대를 충족하면 좋은 것 아니냐? 물론 그건 그렇습니다. 문제는 멜라니 해밀턴이 품성이라는 수단으로 조직하려는 것이 정치적인 성격을 강하게 띈 공동체라는 것이죠.

242_ 품성을 강조하는 자세가 어떤 행동을 낳는지 우리는 이미 관찰했지요. 멜라니를 봅시다. 토론을 싫어하고 멀리하려 하죠. 그리고 **품성**의 힘으로 의사결정을 사람들에게 위임받아 독단적으로 처리합니다.

243_ '영명하신 멜라니 동지가 어련히 올바로 선택하셨을 텐데 그에 따르면 되는 것 아닌가?' 얼핏 생각하면 그렇습니다. 하지만 그런 철인적 사고에는 당연히 함정이 있지요. 모든 정치인은, 적어도 거의 모든 정치인은 자신의 권력을 극대화하는 방향으로 행동하게 되니까요.

244_ 멜라니는 자신의 품성이 잘 먹히는 세계를 (의식적으로든 무의식적으로든) 만들려고 들리라는 말씀. 앞에서도 잠깐 언급했지만, 진정한 문제는 그 세계, 멜라니가 만들려는 세상의 모습이죠.

245_ 김영환 선생은 <강철서신>에서 굉장히 흥미로운 주장을 합니다. 이론으로 사람을 설득하려고 하면 안 되고, 다른 수단을 사용해야 한다는 겁니다. 이것은 언뜻 매우 심리학적으로 적절한 주장으로 보입니다. 사람들은 복잡한 걸 싫어하죠.

김일성 김영환
당신이 쓴 반미투쟁과 관련한 글을 많이 읽었다. 훌륭한 글이었다.

246_ 그래서 무슨 사회주의운동으로 타인을 포섭하기 위해 어떤 수단을 동원해야 하느냐, 하나는 사회주의사회와 자본주의사회를 비교해 사회주의의 우월성을 직관적으로 보이는 것이고, 둘은 사회주의 서사, 쉽게 말해 사회주의적 영웅의 이야기를 들려주는 것이죠.

김영환

- 서울대 4년 제적
- 주사파 이론서 <강철서신> 제작
- '북한 정권 타도론' 주장

247_ 김영환은 '지상락원'인 북한의 실상을 남한 사람에게 보여 주면 그이는 쉽게 설득되리라고 자신합니다. 이런 말도 하죠. "활동가로 자처하는 그 많은 사람들 중에 북한실상에 대해 구체적으로 알고 있는 사람은 몇 명 되지 않으니 참 한심한 노릇이 아닐 수 없다." 그런데 잠깐,

248_ 1980년대 북한은 남한보다 확실히 못 살고 있었잖아요? 이것은 무엇을 뜻하죠? 그렇습니다. 흑백논리로 타인을 동원하기 위해서는 거짓말을 그것도 어지간히 해도 상관없다는 겁니다.

임수경
☞ 1980년대 민족주의적 열정의 상징으로, 일명 '통일의 꽃'. 1989년 평양에서 열린 세계청년학생축전에 남한 대표로 참가, 자유로운 패션과 거침없는 발언으로 북한 사회의 이목을 독차지했다. 그로부터 북한인들은 어떤 사실을 깨달았는데, 남한 사람이 그들보다 잘 먹고 잘 살고 있으며 사상적으로도 자유롭다는 것이었다.

북한

◆ 어떤 생각이나 행동 또는 물체에 대한 강한 반발을 뜻하는 단어. 성평등 및 젠더 운동 등의 흐름에 반대하는 운동 및 세력을 뜻함

◆◆ 2010년대 인터넷상의 대표적인 백래시 사례 중 하나임

249_ 우리는 예멘 난민문제라든가 반여성운동(일명 백래시Backlash◆)에서 이런 광경을 익히 봐왔죠. 여성시대 사태◆◆처럼, 처음부터 끝까지 거짓말을 해도 잘 먹히더라 이거죠!

250_ 사회주의-서사는 어떤가요? 역사적 사실에 충실해야 할 이유가 정말이지 없습니다. 우리가 보는 위인전들은 뭐 얼마나 진실했나요?

박근혜 전 대통령 위인전

251_ 그리고 특히 서사라는 장르는 다음과 같은 개성이 있습니다. 바로 인민의 총체적인 활동들을 한 인간의 삶으로 개인화시킨다는 것이죠.

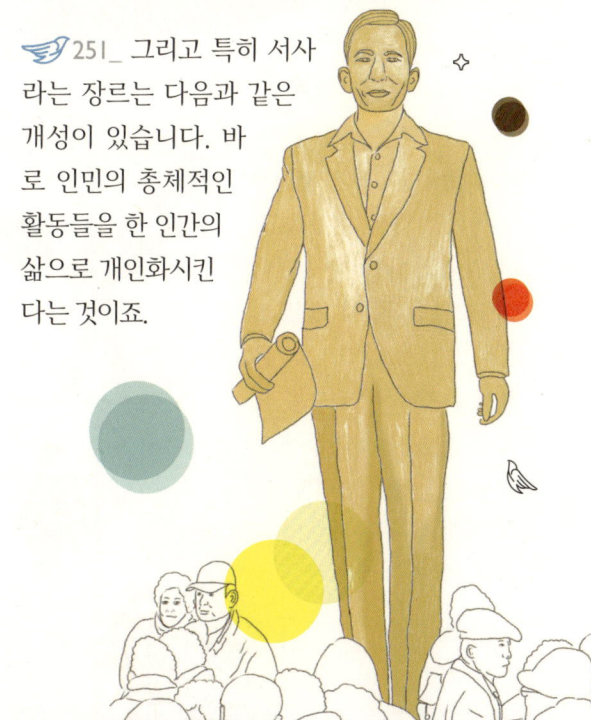

박정희 전 대통령 동상

252_ 멜라니 해밀턴 역시 이런 김영환식 수법을 그대로 따릅니다. 우리와 적을 구분하고, 적에 대항하는 우리의 과거들을 이야기하죠.

> 우리를 약탈하고 고문하고 굶주리게 만들었던 인간들과 거래를 하다니!

253_ 정리해봅시다. **품성정치**는 정서적 연대를 추구하고, 따라서 비합리성을 내포합니다. 그것은 민주적이지 않은 집단주의로 흐르기 쉽죠. 그것은 어떤 **품성**을 갖춘 지도자를 요구하고, 그 지도자에 대한 맹종을 드러낼 가능성이 높아요. 그리고 품성에 따라 사람들의 서열이 매겨지겠죠.

🕊 254_ 따라서 품성의 공동체는 언뜻 민중적이겠지만 사실은 선민적일 터입니다. 또한 공동체 안에서의 토론보다는 감정적 애착이 우선하고, 따라서 사람들은 과거의 인습을 비판하지 못할 것입니다.

🕊 255_ 결국 김영환의 품성론은 개인숭배, 즉 김일성주의로 흐르는 직행로가 되었죠. 아니, 더 정확히 말하면, 다른 사회주의운동을 종파주의로 낙인찍고 배제하면서, 김일성주의로 운동가들을 유도하기 위해 품성론이 고안되었던 겁니다. 김영환은 이것을 굳이 숨기려 들지도 않습니다.

평양의 김일성 전 주석과 김정일 전 주석 동상

🕊 256_ 그것은 사회주의 중에서 가장 반동적인, 아니 사회주의라고 부를 수 있을까 의심스러울 정도로 반동적인 무언가였죠! 이 반지성주의의 수장들은 여전히 반동적입니다. 기를 쓰고 반동적이죠. 다른 점이 있다면 지금은 우익 반동이라는 거?

김영환 시민운동가, 최홍재 전 국회의원, 한기홍 북한민주화 네트워크 대표 (왼쪽부터)

257_ 멜라니의 **품성** 역시 비슷한 길을 걷게 됩니다. 그렇게 된 가장 큰 이유는 당시의 미국이 7, 80년대 남한과 닮았기 - 자본주의적 고도성장기 - 때문이겠죠.

대륙횡단철도

258_ 물론 차이점들은 다른 결과들을 만들어내죠. 공통점보다도 차이점이 더 중요해 보이기도 합니다, 어쩌면. 대한민국의 정신성이 통합을 추구하는 좌파 민족주의자들을 만들어낸 반면,

<전대협 진군가>

259_ 미국 남부의 정신성의 결과는 우익 분리주의였으니까요.

260_ 간호를 끝내고 드디어 집으로 가는 스칼렛과 멜라니. 멜라니 앞에는 어떤 여인이 나타나는데….

말씀 전하려 꼬박 한 시간 동안 기다렸지요. 윌크스 부인

261_ 쌍욕을 하기 시작하는 멜라니의 하인 피터 영감. 이 여성은 흑인노예보다 나을 것이 없는 신분인 모양이네요.

꺼져, 이 쓰레기야!
숙녀분들에게 무슨 짓이야?

262_ 품성의 화신 멜라니는 남들이 뭐라든 언제나 예의 바르죠!

괜찮아, 스칼렛
누구시죠?

263_ 이 사람은 벨 와틀링입니다. 직업은 성노동자 겸 업소 매니저?(또는 포주?)

> 내 이름은 벨 와틀링이에요. 뭐 어떻든 상관없죠.

264_ 벨에 따르면, 자신은 병원에 도움을 주고 싶었는데 늙은 부인들에게 번번이 거절당한 것입니다. 그리고 TAKE MY MONEY를 시전하는 벨.

당신만은 그렇다고 믿어요. 병원을 위해 이 돈을 받아줘요

265_ 끼어드는 미드 부인에게, 나는 **멜라니**와 대화하고 있다고 소리치는 벨.

266_ 멜라니는 기부금을 받기로 합니다. 그리고 벨의 **품성**을 칭찬하죠. 멜라니는 타인의 **품성**에 자주 찬사를 보내곤 하는데, 가장 중요한 덕목은 용감함이에요. 결혼반지 투척 사건에서도 스칼렛을 용감하다고 칭찬했죠. 스칼렛은 분명 용감했지요, 애국심이 없긴 했지만.

267_ 앞서 이야기했듯, 벨 와틀링과의 사건이 일어날 즈음에 멜라니는 10대. 소설에서 멜라니는 아직 실세가 아니라 대선배(?)들의 갈굼에 속으로만 투덜투덜대는 막내죠. 물론 겉으로는 예의 바른, 예쁨 받는 막내.

🕊 268_ 소설은 대략 이렇죠.
멜라니: 얘, 내가 금방 벨이라는 수상한 여자한테 뭘 받았는데 정숙한 여성은 말도 나눠선 안 되겠지만 너무 얼떨결이라 그냥 받아버렸지 뭐니. 흑흑, 그런데 받고 나서 보니 진짜 큰돈인 거야. 그럼 대의를 위해 받기로 하는 편이 낫지, 그렇지? 그렇다고 말해.
스칼렛: 으…응?

🕊 269_ 하지만 애초에 스칼렛은 대의고 뭐고 사회적 문제에는 관심조차 없으니 하나마나한 이야기.

🕊 270_ 이쯤에서 멜라니는 좀 특이한 모습을 보이는데, 애슐리가 전사했으리라는 불안감에 시달리지요. 이것은 소설의 작법을 고려하면 의외의 행동입니다. 작가들은 복선이라는 도구로 개연성을 만듭니다.

271_ 멜라니 같은 – 적어도 겉으로 – 현모양처 캐릭터들은 지혜로움이 강조되죠. 이들은 서사의 도구, 곧 예언가로서의 역할을 떠맡곤 합니다. 적어도 그런 유혹에서 자유로울 수 없죠. 애슐리는 분명 나중에 살아 돌아옵니다. 애슐리가 죽는다는 어리석은 예감은 피티 고모 같은 사람에게 주어져야지,

나, 졸도할 거야

272_ 멜라니 같은 캐릭터에게 보통 주어지지는 않는단 말이죠. 만약 애슐리의 생사를 놓고 독자에게 서스펜스를 선사할 계획이었더라도, 멜라니가 앞장서서 불안감에 떨 이유까지는 없습니다. 게다가 멜라니는 **용기**를 숭상하는 **품성인**이기까지 합니다.

273_ 즉 멜라니의 불안감은 순수하게 심리적인 것이며, 그것은 애슐리의 죽음에 대한 죄책감을 반영하고 있죠. 즉 애슐리 윌크스에 대한, 멜라니의 숨겨진 적개심이 드러나죠.

📑 274_ 하긴 무람하기 이를 데 없는 이성애자 여성들도 남편의 **삭제**를 한편으로 바라는 모양이니, 적개심의 원인을 꼭 성적 지향으로만 단정할 수는 없는 노릇. 하지만 멜라니가 양성애자가 아니라고 전제하는 편이 말할 나위 없이 더 무난하죠.

📑 275_ **품성정치**적으로 멜라니의 불안감을 해석하면 이렇습니다. 모든 정치적 행위는 목적을 추구하는 과정에서 희생자를 낳지요. 그중에서도 지하운동, 특히 전쟁이. 구성원들이 희생을 반드시 감수해야 조직이 굴러가지요.

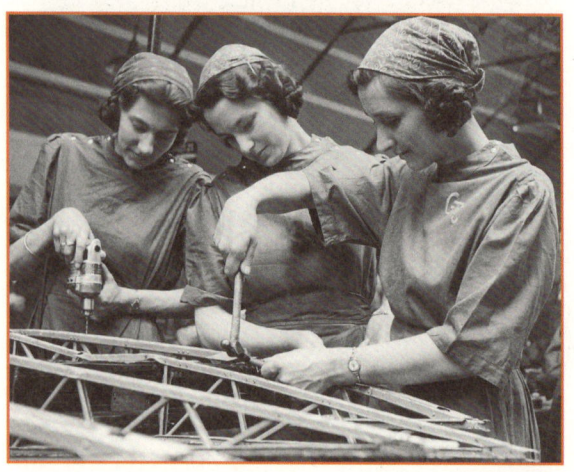

제1차 세계대전 당시 군수공장에서 일하는 영국 여성들

📑 276_ 멜라니 해밀턴이나 김영환 선생 모두 **용감**이라는 덕목을 특히 강조하는 이유가 여기, 곧 자기희생에 있습니다. 그래도 멜라니나 김영환은 그 모범이 되기 위해 앞장서서 헌신하는 사람이긴 합니다. 지도자임에도 별로 희생적이지 않은 분들도 계시죠….

이승만 전 대통령

277_ 하지만 정치적 목적을 위해 사람을 갈아넣는다는 것, 섬뜩하지 않나요? 멜라니도 알고 있습니다. 자신이 잔인하다는 사실을요. 하지만 멜라니는 전략적으로 그 모습을 숨길 뿐이지, 그 잔인한 작업에서 도피하려고 하지는 않지요. 아니, 그쯤이면 차라리 다행인 게,

페트라셰브스키 서클의 가짜 처형식

278_ 멜라니는 자기 주변 사람들까지 몽땅 끌어들이고 있죠. 가족도, 친구도, 이웃도, 심지어는 얼굴도 모르는 남부인들까지 전부 희생하기를 강요합니다. 죄책감을 느끼고, 때로는 불안해하는 게 어쩌면 당연하겠죠. 정상적인 감각을 가졌다면 말이에요.

죽을까 봐 무서워 죽겠어! 당신한테도 감각이 있다면 그렇겠지.

279_ 1861년의 정치적 도전은 끔찍한 결과를 낳았는데, 호전론자인 멜라니도 전세가 기울자 이 사실을 인정할 수밖에 없었죠. 특히 이 **용감함**이란 다소 중세적인 덕목은 전쟁터에서 심한 역설을 낳았어요. 앞서 말했던 대로, 현대적인 화망을 뚫고 돌격하는 것이 자살 행위로 변했기 때문이었죠.

280_ 곧 멜라니의 불안감은 게티즈버그전투의 참혹한 패배—전세를 결정지은 그 남군의 자멸적 공격을 지휘관의 이름을 따 '피켓의 돌격'이라고 부릅니다—에 대한 남부인들의 집단적 트라우마를 반영하는 것인지도 모르죠.

281_ 남군 총사령관 리는 신사였습니다. 물론 열등한 인종인 흑인들을 백인들이 **잘** 보살펴줘야 하며, 노예해방도 **언젠가**는 되야 하지 않겠냐는, 뭐 그런 마인드의 신사였죠.

282_ 리의 신사적인 성격은 남북전쟁 같은 현대적 총력전에 다소 부적합하지 않나 싶기도 했는데, 리는 휘하 부대 지

휘관들의 자율성을 너무 존중한다든가, 또는 전세가 결정된 이후의 추격전을 불편해한다든가 하는 태도를 보이곤 했죠.

조지 매클렐런
George Brinton McClellan
☞ 남북전쟁 초기 북군의 총사령관

283_ 북군의 초기 지휘관들도 그럭저럭 신사적이었습니다. 물론 리만큼 유능하지는 않았지만 말이죠. 부하 장성들의 소극성에 복장이 터질 지경이었던 링컨은 차츰 현대전에 적합한, 그러니까 별로 안 신사적인 인물들을 승진시켜, 요직에 앉히는 데 성공했지요.

율리시즈 그랜트
Ulysses Grant
☞ 훗날 미합중국 18대 대통령으로 재임했다.

284_ 율리시즈 그랜트는 1864년 북군의 총사령관이 됐습니다. 알코올 중독으로 불명예스럽게 퇴역했으나, 전쟁이 그이를 불렀죠. 인력과 장비의 우월함을 잘 이용한 전술을 펼쳐 승전에 크게 기여했습니다. 그 덕에 전후에 대통령이 됐죠. 그런데 결과는 자본가들에게 너무 휘둘렸던 맹통령…

285_ 그리고 의심의 여지 없는 성격파탄자이자 진정한 현대인, 윌리엄 테쿰세 셔먼이 미시시피 작전군 사령관이 됐습니다. 재앙의 파도가 밀어닥칩니다.

145

4

Again, Gone with the Wind

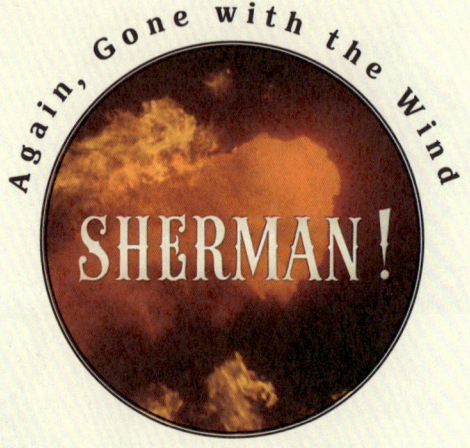

SHERMAN!

재앙의 군세가
별과 유성처럼 맹진하니
그 나팔을
부는 자의 이름은
셔어만이라

286_

먼재앙! …
먼재앙!

287_ 재앙의 군세 앞에서 무질서하게 도주하는 수꼴◆들.

◆수구꼴통의 줄임말

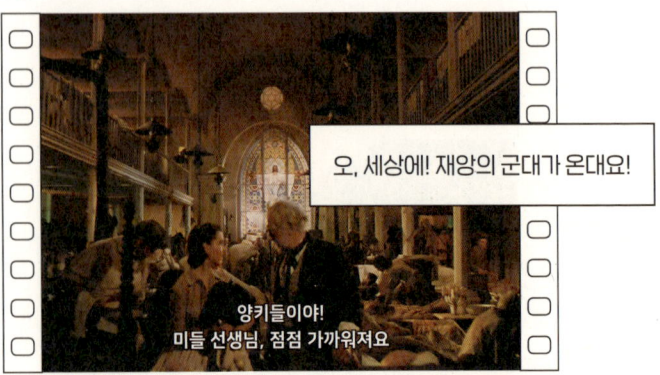

오, 세상에! 재앙의 군대가 온대요!

양키들이야! 미들 선생님, 점점 가까워져요

괜찮소, 페그레그 준표가 그놈을 상대할 것이오!

애틀란타엔 못 들어올걸! 페그레그 후드가 저지할 거요

290_ 반년 후 페그레그 후드 Peg-leg Hood.◆

◆ 남북전쟁 당시 남군 지휘관이었던 존 벨 후드 John Bell Hood의 별명. 부상으로 한쪽 다리를 잃어 절름발이|Peg-leg라는 별명이 붙음

291_ 재빨리 도망갈 준비를 하는 스칼렛.

기다리라지. 나는 집에 갈래요

292_ 이미 도망가고 있는 피티 고모.

못 참겠어! 대포알들이 귀에서 울려대.

293_ 하지만 스칼렛은 애틀랜타에 남아야 합니다. 멜라니가 임신했기 때문이죠. 원래부터 몸이 허약했던 멜라니는 집을 떠날 수 없는 상태였어요.

네가 남아야 해. 멜라니를 위해서

294_ 모두 떠맡게 된 스칼렛은 불평불만.

295_ 며칠 후 셔먼은 애틀랜타 외곽에서 후드의 군단을 작살내고, 애틀랜타를 두들겨 까기 시작합니다. 철도교통의 요지이자, 산업의 중심지인 애틀랜타는 남부의 심장이었죠.

포위

296_ 그나마 남은 전력마저 모두 소모된 남군은 이윽고 애틀랜타에서 퇴각하기 시작하죠.

297_ 늦게나마 도망가려는 스칼렛.

나와 멜라니의 짐을 싸라. 우린 당장 타라로 갈 거야.

298_ 하지만 마침 멜라니의 진통이 시작되었죠.

멜라니, 우리 지금….

299_ 병상에 누워서도 약을 파는 멜라니.

사기다!

오, 스칼렛! 자긴 너무 나한테 잘해줬어.

300_

친자매라도 못 그럴 거야.

301_

내가 죽는다면 내 아이를 맡아줄래?

302_ 소설에서 뒤에 붙는 대사는 이런데, "만약 남자아이면 애슐리처럼, 그리고 만약 여자아이면 – 자기처럼 길러줘." 애슐리는 결국 정자은행으로 전락하고 말았어요.

303_ 하지만 멜라니의 헛된 소망과는 달리, 태어난 아이는 남자였지롱.

잘생긴 남자아이예요

304_ 여기서 '프리시'라는 캐릭터가 나오죠. 다이아수저 아가씨 스칼렛의 몸종이며 흑인 – 여자 – 아이, 곧 언뜻 상상할 만한 약자성은 모조리 갖춘 이 인물은, 그렇습니다, 작가가 '혐오'하라고 던져 놓은 캐릭터입니다.

무서워서 차고지에는 못 가겠어요.

305_ 미첼은 이야기하지요. '봐라! 이 흑인 여자 아이를. 어리석고 게으르고 부정직하지. 그것들은 흑인들의 본성이야. 흑인은 백인에게 곧 의존적일 수밖에 없는 존재인데, 노예해방이라니 거참!'
그런데 말입니다. 미첼이 부정적인 속성들을 부자연스러울 정도로 열심히 프리시에게 우겨넣은 탓에,

306_ 프리시는 작가의 의도와는 완전히 동떨어진 위인이 됐죠. 프리시처럼 노예였던가, 또는 그것과 적어도 유사한 생활을 했던 분이라면, 이를테면 군대에 다녀왔던 독자들은, 프리시를 보고 어, 저… 저거? 싶으실 텐데요. 바로 트롤러입니다. 군대에서는 흔히 고문관이라고 하죠.

307_ <바람과 함께 사라지다>에서는 흑인들이 여럿 등장하지만, 적극적이고 진취적이며 주체적인 흑인들은 제로입니다. 이것은 어쩌면 당연한데, 그런 흑인들은 우리의 주인공들, 즉 인종차별주의자들과 상종하려 들지 않을 테니까요. 곧 미첼과도 마찬가지였을 겁니다.

프레더릭 더글러스
Frederick Douglass
☞ 흑백 혼혈로, 어린 시절 노예생활을 하였다. 20세 때 탈주해서 도망자 신분이 되었고, 프레더릭 더글러스로 개명하였다. 이후 작가와 연설가로 활약하며, 노예제도 폐지에 앞장섰다. 링컨 대통령의 자문역을 맡기도 했다.

308_ 스칼렛과 멜라니가 살던 당시에도 탁월한 지성과 용기를 보여 주는 여러 영웅적인 흑인들이 있었어요. 하지만 스칼렛은 그런 사람들을 모르죠. 그런 흑인들은 소설에서 단지 헛소문 속의 악마로서만 등장할 뿐이죠.

309_ 미첼이 묘사하려는 것은 오직 노예의 미덕을 갖춘 흑인이죠. 미첼은 그런 노예성을 찬양하면서, 자신이 인종차별주의자가 아니며 흑인을 사실 좋아한다고 주장합니다. 전형적인 인종차별주의자죠. 프리시는 심지어 그것에서도 예외지만.

310_ 노예였던 남부 흑인들은 스칼렛 같은 노예주들에게 어떻게 대항해야 했을까요? 적극적인 방법들이 있었죠. 노예제도가 없는 곳으로 도망가기. 몇몇 더 용감한 흑인들은 다시 남부로 잠입해서, 다른 노예들의 탈출까지 도왔답니다.

<자유를 찾아 떠난 도망 노예>

311_ 다른 과격한 것으로는 주인을 몰래 살해하거나, 아예 반란을 일으키는 방법이 있었죠. 사실 그런 사건들은 어쩌다 한 번 일어나는 정도였지만, 노예주들은 그런 아래로부터의 폭력에 거의 편집증적인 공포를 갖고 있었답니다.

<냇 터너의 반란>

312_ 그런 용맹이 없는, 소극적이고 얌전한 흑인들 역시 체제에 일상적으로 반항하곤 했지요. 고문관이 아니었던 전역자 여러분들도 군대에서 기회만 있으면 속칭 뺑끼를 쳤으며, 예비군에 가서는 대놓고 말썽을 피우고 있지 않나요?

무서워서 차고지에는 못 가겠어요

313_ 남부의 노예들 역시 같은 방식으로 사보타주Sabotage◆를 했지요. 멍청해 보이는 것은 아주 좋은 태업 방식입니다. '아, 하기 싫어.', 또는 '그래 나, 열등

◆ 태업의 일종. 사용자에 대항해 노동자가 생산을 방해하거나 설비를 파괴하는 행위를 일컬음

하다, 어쩔래.' 하는 마음만 먹으면 실제로 사람은 충분히 멍청해질 수 있기에, 정말 모자란 것인지 개기는 것인지, 주인으로서는 알 도리가 없죠!

사람들이 엄청 죽어간다는데 죽은 사람들은 무섭잖아요

314_ 물론 노예주들은 당근과 채찍에 혈안이었죠. 하지만 채찍에도 한계가 있었어요. 노예들은 한국의 사병들보다 대체로 사정이 열악했지만 유리한 점이 하나 있었는데, 몸값이 비쌌다는 것입니다. 대략 2천만 원 정도로 상상하면 될까요. 시장에 내놔 가족과 생이별을 시키는 게 최대의 처벌이었다고.

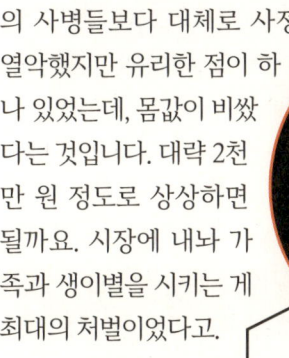

빨리, 빨리! 시장에 팔아버릴 테니까!

315_

쓸데없는 소리 지껄이면 가죽을 벗겨버릴 줄 알아!

316_ 보시다시피 작심한 트롤러에게 협박 따위는 전혀 안 먹히죠.

317_ 프리시에서 볼 수 있는 것은 두 가지입니다. 하나는 미첼의 관찰력이 그 자신의 하찮은 양식을 능가하고 있다는 것이고, 다른 하나는 지배계급은 하층계급의 인간의 적의를 잘 이해하지 못하는 게 아닌가 싶다는 것이죠. 아닌 게 아니라 해방 당시 일본인들의 수기를 보면,

318_ 순종적이고 얌전한 줄 알았던 조선인들이 해방이 되자마자 갑자기 적개심을 드러내 너무 당황스러웠다나 뭐라나. 남부 백인 노예주들도 비슷한 충격을 받았죠. 자신들은 나름 흑인들을 잘 대해줬다고 여겼는데, 해방된 흑인들은 그들을 (옛 주인들 딴에는) **배신**했던 겁니다.

319_ 영화에서 프리시는 더 트롤러 같죠. 이것은 영상물의 강점이라고 하겠습니다. 말도 안 되는 설정이라도 그 캐릭터를 설득력 있게 연기하기 위해, 현실의 인간이 노력을 하게 되니까요.

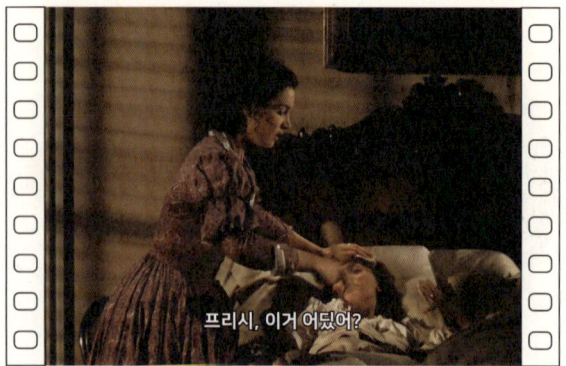

320_ 멜라니는 진통을 겪고 프리시는 트롤링을 하는 와중에 이 씬이 나오죠. 스칼렛이 의사 선생을 찾으러 열차 차고지에 가고 있습니다(결국 의사는 안 옴). 촬영 당시의 기준으로는 미친 듯이 스펙터클한 장면이죠.

321_ 실제로 사람들이 누워 있는 모습을 찍은 거니까요. 사람이 모자라 반은 인형을 썼다고 합니다만, 그래도 800명. 소설의 원래 설정보다 훨씬 많죠. 스펙터클을 위해서. CG가 없던 시절이고, 스크린에 전사되는 물체들은 지금보다 더 강력한 실체성을 갖고 있었죠. 이것은 무의식적인 이야기입니다.

322_ 프리시가 아이를 내던지며 분투하고(물론 설정상으로는 **실수**입니다.) 난산이었지만, 아이는 무사히 태어나고 멜라니도 살아남습니다.

323_ 그리고 스칼렛은 레트를 영입해 애틀랜타를 탈출할 계획을 짜죠. 멜라니와 아이를 데리고.

324_ 스칼렛은 집, 타라 농장으로 가려고 들지만, 그 주변은 셔먼이 한창 휩쓸고 다니는 중. 레트는 스칼렛을 뜯어말리죠.

325_ 스칼렛: 방해하면 다 죽일 거야.

326_ 웬일로 오늘따라 다정하기 그지없는 레트.

327_ 레트가 멜라니를 부축해 아래층으로 내려가려고 할 때,

328_ 멜라니는 애슐리, 그리고 죽은 오빠 찰스의 이름을 부르죠. 애슐리의 사진과 찰스의 군도(+찰스의 권총)을 챙겨 달라는 이야기. 원래는 멜라니의 아버지 것이었던 그 칼 말이죠.

애슐리의 사진과 찰스의 칼. 가져가고 싶어 하는 거야.

329_ 소설에서는 애슐리의 이름이 등장하지 않습니다. 오직 찰스의 이름만 나오죠. 이 차이는—그렇습니다. 영화의 각본을 쓴 사람은 여기서 남편의 부재를 굉장히 불안해하고 있었던 것이죠.

애슐리, 찰스!

330_ 영화는 소설보다 멜라니의 애슐리에 대한 애정을 정확하게 표현하려고 노력하고 있습니다. 없던 장면을 살짝 끼워넣는다거나 하는 방식으로. 하지만 앞서의 장면은 소설과 너무 노골적으로 다르죠. 어째서 이런 무리수를 뒀을까요? 찰스의 칼이 그만큼 불온한 물건이어서 그렇답니다.

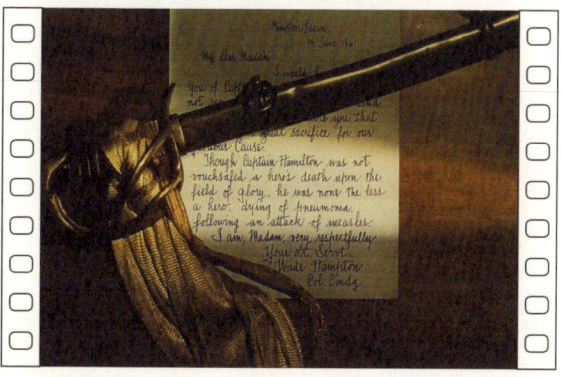

331_ 밖으로 나와 보니 애틀랜타가 슬슬 불타고 있습니다.

우리를 타라로 날려버릴 만큼 화차에 탄약이 많지

332_ 이윽고 영화의 스펙터클의 최정점이 나오죠. 실제 있었던 일로, 탄약고가 폭발해 그 근방을 싸그리 날려버렸다고. 이것은 애틀랜타에 딱히 큰 불행은 아닐 것인데, 뒤이어 들어올 셔먼 the 재앙이 남아 있는 것도 다 태워버릴 예정이니까요.

333_ 무너지는 건물은 **<킹콩>**의 세트라고. 촬영진은 원래 있던 세트를 이렇게 불태우고 새 건물을 지어 영화를 찍기 시작했죠. 심지어 스칼렛 역할조차 캐스팅되기 전이었는데요. 스턴트 배우들이 불길 앞에서 스칼렛과 레트를 연기했죠. 불길이 얼마나 셌는지 근방의 LA시민들이 하도 문의전화를 걸어 기지국이 마비될 지경이었다고. **<십계>**의 기적 등과 더불어, 고전영화들 중에서 늘 꼽혔던 시각효과 장면.

334_ 무사히 빠져나온 일행. 스칼렛은 패주하는 군대를 보며, 전쟁을 일으킨 이웃들에게 분개하지요.

허풍에 잘난 척하며 딴 사람들까지 다 끌어들여 놓고서는

335_ 그렇습니다. 지나고 나니 레트가 모두 옳았죠. 스칼렛은 실용주의자 레트의 현명함을 칭찬합니다.

당신이 자랑스러워. 저들보다 훨씬 똑똑하니까.

336_ 하지만 레트의 반응은 좀 이상한데….

난 별로 안 자랑스러운데.

337_ 그리고 고된 여행을 견디다 못한 멜라니는 기절해버렸습니다.

338_ 그리고 갑자기 군에 입대하겠다는 레트.

339_ 황당해하는 스칼렛. 패전이 확실한데 어째서?

340_ 레트 버틀러는 내셔널리스트가 되었습니다. 내면의 NL이 깨어난 것입니다…!◆

◆ 121 NL 참조

> 어쩌면 사라지는 이상들에 내가 약해서가 아닐까?

341_ 남군 총사령관 리는 원래 연방 군인이었고, 연방주의자였고, 원칙적으로는 노예제 반대자였습니다.
"노예제는 도덕적으로나 정치적으로나 악evil이다."
하지만 연방 장교직을 내려놓고 남부군에 들어갔죠.
"나는 연방을 지키기 위해서 희생을 마다하지 않겠다. 하지만 명예는 예외다."

342_ **명예**란 대체 뭘까요? 노예제도 수호를 위한 반란을 일으키는 쪽이 더 명예롭다는 이야기? 눈치채셨겠다시피, 리의 이 '명예'란 그냥 '거시기' 정도의 아무 말입니다. 창조경제 같은 것이죠. 여기서 강준만의 설명을 들어봅시다.

343_
명예의 문제는 남북전쟁의 복잡성을 보여 준다… 다수 남부 백인은 노예제도를 지키기보다 노예제도에 기반을 둔 남부의 사회체제를 지키고자 했으며… 남부를 '착취'해왔다고 여긴 북부에 대한 강한 반감과 더불어… 흑인 노예해방이 가져올 파장에 대한 두려움이 자리잡고 있었다. -<미국사 산책 3>

344_ 리의 **명예**는 그러니까 이것입니다. 북부인들로부터 그리고 흑인들로부터 자신을 구분지음으로써 생성되는, **남부 백인**이라는 집단에 대한 소속감. 이를테면 북괴, 전라디언, '김치녀' 배제로서의 일베의 소속감, 한남과 트젠 아님으로 창출되는 워마드의 소속감 같은?

345_ 레트는 이런 **소속감**, 아니 **집단** 자체에 경멸적인 태도를 보여왔어요. 남부의 운명 따위는 알 바 아니고, 독신주의자이며, 고향에서는 문전박대를 당하고, 심지어 가족들과도 남남이나 마찬가지인 상태였죠. 하지만 투기꾼들 혹은 성매매 종사자들과의 계산적 관계로 만족하는 듯 보였습니다.

찰스턴에서는 친척들에게 문전박대를 당한다지요.

346_ 하지만 프리시의 손에 이끌려 유흥업소를 걸어나왔다가, 레트의 숨겨져왔던 그 **소속감**, 또는 유

대감에 대한 지향은 엘리베이터를 타고 스칼렛이라는 층은 심지어 지나쳐 내셔널리즘이라는 근대의 대표적 광기까지 폭주해 올라가버린 것이죠.

안 돼요, 버틀러 선장님.

347_ 그렇습니다. 비록 숨겨져 있을지라도, 그 지향이란 더없이 강력한 것입니다…

남북정상회담을 박수 치며 시청하는 하태경 국회의원과 유승민 전 국회의원

348_ 하지만 스칼렛은 인문학적 소양이 완전히 결여된 관계로, 내셔널리즘 같은 거대서사 따위에 홀랑 넘어가지 않습니다. 역시 인문학이란 유해한 것이에요.

자신의 안위만 생각하고, 남부의 대의는 아랑곳하지 않아

349_

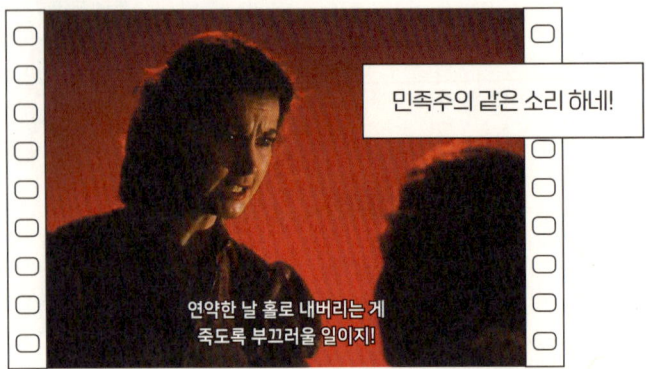

민족주의 같은 소리 하네!

연약한 날 홀로 내버리는 게 죽도록 부끄러울 일이지!

350_ 그러나 바보짓이라는 걸 알면서도 하게 만드는 점이 인문학… 아니 민족주의의 무서운 점이겠어요.

총에 맞으면 바보짓을 한 나 자신을 비웃어야지

351_ 레트의 장황하고 로맨틱한 이런 대사들에 이어 인상적인 키스신이 나오죠. 이 책의 주요한 테마와는 다소 무관하므로 그건 스킵하도록 하겠

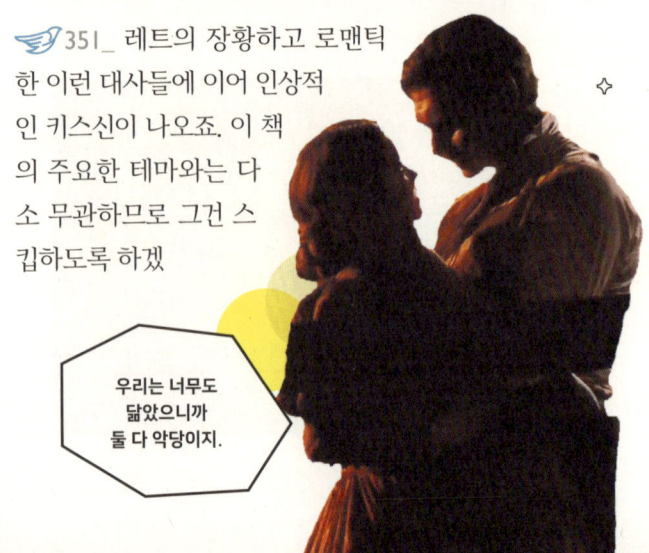

우리는 너무도 닮았으니까 둘 다 악당이지.

📄 352_ 여요. 레트는 이어 떠나버리고 스칼렛은 멜라니를 태우고 타라로 힘겹게 전진하죠.

📄 353_ 길에는 셔먼이 '셔먼'한 흔적들로 가득하죠.

📄 354_ 그리고 그들은 멜라니의 시댁에 다다랐지만 그곳에는

355_ 급진적 모더니스트 예술가 셔먼쨩의 해체주의 작품만이 남아 있었어요.

356_ 현대미술은 대중의 분노를 사기 마련이죠.

더러운 양키들!

357_ 상식적으로 셔먼의 재앙 재앙 군단은 타라 집도 불태웠어야 맞겠지만은, 의외로 스칼렛의 고향 집은 그대로 남아 있었답니다.

멀쩡해. 불지르지 않았어!

358_ 소설에서는 집에 중환자들이 있어 연방군이 집을 해체하지 않았다는 설명이 나오죠. 뭐, 그건 그렇고.

엄마, 나 왔어요!

359_

같이 눈사람 만들래?

엄마, 문 열어줘요.
나야, 스칼렛!

360_ 스칼렛은 어머니를 부르며 집으로 달려갔지만, 문을 열자 나타나는 모습은 아버지.

361_ 그리고 그 너머로 유모의 모습이 보이죠.

362_ 이름도 없고 다들 유모라고만 부르는 나이든 흑인 여성. 스칼렛의 어머니의 유모였고 스칼렛의 유모였고, 나중에 스칼렛의 딸에게도 마찬가지. 아마도 영화에서 소설과 가장 성격이 다른 인물일 겁니다.

363_ 영화의 유모는 해티 맥대니얼이 연기했습니다. 그것으로 맥대니얼은 오스카상(여우조연상)을 수상한 최초의 흑인이 됐죠. 하녀 연기의 달인으로, 당시에도 노예 또는 피억압자로서의 흑인상을 강화시키는 인물이라는 비판을 받곤 했죠.

364_ 유모가 스칼렛의 **코르셋**을 조이는 장면이 좀 불건전하게 유명한데요. 여기서 스칼렛의 여러 속성들, 노예주(나중에는 자본가)이며 미인이며 허리가 18인치라는 뭐 그런 것들이 뚱뚱한–흑인–하녀인 유모와의 대비를 통해 더 선명해지죠.

365_ 영화의 **유모**는 사려 깊고 다정하고 무해한, 체제의 충실한 부역자입니다. 소설에서의 **유모** 역시 체제에 열심히 부역하고 있죠. 노예제도에, 더 나아가서는 가부장제에. 하지만 이쪽의 유모는 다정하지도 심지어 무해하지도 않아요.

꼭 붙잡고 들여 마셔요

366_ 제가 아는 한에서 이 유모와 가장 비슷한 캐릭터는 <제인 에어>의 그레이스 풀입니다. 비슷하게 음침하고 비열하죠. 그들은 어떤 하위주체(또는 피지배자)를 직접적으로 통제하는 임무를 수행하는 다른 하위주체죠.

367_ 영화에서는 그런 음습한 부분이 빠져버리는데, 이것은 오히려 원작의 혐의를 더 짙게 만들죠. 영화에서는 파티에서 음식을 먹지 못하게 하는 정도지만, 소설의 유모는 양갓집 규수인데 왜 산후 부작용을 겪지 않냐고 스칼렛을 몰아세우는 인간입니다.

> 사람들 앞에서는 새가 모이 먹듯이 먹어야 해요.

368_ 산후조리원에 간 며느리를 들볶는 시모가 떠오른다고요? 바로 그런 마인드입니다. 다른 하위주체를 통제하고 심지어 학대하는 방식으로 움직이고, 그것의 유용성을 인정받았기에 체제로부터 약간의 권력을 나눠 받을 수 있는 것이죠.

369_ 미첼은 아마도 이상적인 노예의 미덕을 갖춘 캐릭터를 만들려고 했을 테죠. 적어도 저는 그렇게 추측합니다. 하지만 소설에서 튀어나온 결과는 전형적인 학대 자성을 갖는 서벌턴(피지배자)이죠. 왜 이럴까요?

370_ 아마도 가장 큰 이유는, 다들 약간씩은 그런 구석이 있어서가 아닐까 싶습니다. 그리고 체제의 힘은 강력하죠. **유모의 통제를 잘 따르는 사람**, 즉 조신하게 행동하는 여성이 사회적으로 인정을 받고, 그렇지 못하는 여성은 공격을 받을 테니까요.

> 남자들은 말 따로 속마음 따로예요

371_ **유모**는 3대에 걸쳐 오하라 집안 여성들을 괴롭혀왔고, 소극적이고 얌전했던 스칼렛의 어머니를 성공적으로 결핍감 속에 죽게 만들었죠. 그런데 멜라니의 최애에게는 그게 제대로 안 먹히고 있었습니다. 타고난 성깔이 보통이 아니었거든요.

> 코르셋이 너무 조여 트림이 자꾸 나오잖아.

372_ 뭐 여담이지만 스칼렛에 대해서는 그 어머니도 유모와 공범입니다. 스칼렛이 자기와 마찬가지로 사회적으로 인정받으며 불행하게 살길 원하죠. 영화에서는 스칼렛의 어머니 역시, 흥미롭게도, 개방적이고 이해심이 깊은 인물로 변해 있죠.

373_ 어쩌면 프리시와 비슷하게, **유모**의 행동 역시 백인-지배자들에 대한 복수일지도 모릅니다. 문제는 그중에서 약자들만 골라 괴롭힌다는 것이죠. 어쩌면 그것보다 더 큰 문제는 그 짓들로 인해 억압적 체제가 더 잘 유지되리라는 것이겠고요.

374_ 그렇습니다. 이 체제는 억압적입니다. 위계로 사람들을 줄 세우고 더 아래에 있는 사람들을 학대하고 있죠. 소설은 남부 노예농장의 인간 피라미드를 제법 상세히 묘사하는데, **유모**는 흑인들 중 최상층에 위치하죠.

375_ 소설을 읽는 분들은, 노예농장 안의 서열이 다음과 같은 몇 가지 기준으로 이루어져 있음을 아실 겁니다. 인종, 성별, 자본, 그리고 무엇보다 노동.

376_ 피라미드의 맨 아래층에는 육체노동을 하는 흑인들이 있습니다. 대개 들에서 일했죠.

377_ 그 위에는 집안일을 하는 흑인들이 있습니다. 현대 자본주의사회가 블루칼라와 화이트칼라로 갈라치는 것처럼, 남부 노예농장도 흑인들을 노동의 방식에 따라 분할해 통치했지요.

378_ 유모 정도의 지위에 있는 흑인들은 다른 흑인들보다 사회적으로 우월했고, 어쩌면 다른 백인들보다도 우월하다고 할 수 있는 부분이 있었죠. 이런 차별정책은 전후 심각한 사이드이펙트를 낳았는데, 농장노동을 하며 모멸적인 취급을 받았던 흑인들이 더 이상 농업에 종사하지 않으려 했던 것.

그런 데서 백인 쓰레기들이랑 상종한다는 것부터가

379_ 노예농장의 백인들 중 가장 아래에 있던 인간들은 농장 감독. 이들은 피고용인들인데, 작업하는 흑인들을 직접 통제하는 일을 했죠. 흑인들을 이익으로 유인하거나 의무로 설득하기 어려운 상황에서, 이들이 쓰는 수단은 오직 채찍이었는데요, 그러니까 인간성 망가지기 너무 좋은 직업이었습니다.

남부충들은 뒤졌든 살았든 안 실어줘.

✈ 380_ 그리고 이들과 비슷한 위치의 백인들로 옆 동네의, 노예가 없는 소농들이 있죠. 노예농장주들은 그들을 쓰레기◆라고 부릅니다(?). 심지어 집안의 흑인들도 그 짓거리를 따라 하죠.

◆ 백인 쓰레기
☞ 백인 하층계급에 대한 멸칭. 자매품으로 힐빌리hillbilly나 레드넥red neck 따위가 있다.

가난뱅이 백인 쓰레기들을 돌보시느라

✈ 381_ 심지어 그 소농들은 완전 개털이다, 이것도 아니고, 적어도 집과 땅이 있는 사람들입니다. 그런데도 쓰레기 취급을 받는데, 그렇다면, 백인-무산자들을 대체 이 노예농장주들은 어떻게 생각할까요?

◆ 정몽준의 아들이 SNS에 작성한 글의 일부. 정몽준의 서울시장 낙선에 핵심적 원인으로 꼽힘

국민들은 대통령이 가서 최대한 수색 노력하겠다는데도 소리 지르고 욕하고 국무총리한테 물세례하잖아 ㅋㅋㅋ◆

국민 정서 자체가 굉장히 미개한데

✈ 382_ 소설은 매우 간편한 방법을 씁니다. 가난한 백인들은 아예 언급조차 않는 것이죠. 그들의 이름은 오직 전사자 명단에서나 나오죠. 그렇습니다, 남부의 가난한 백인들은 이딴 인간들을 위해 전쟁에서 목숨을 바쳤던 겁니다. 그리고 또 150년 동안, 심지어 지금도, 철저하게 이용당하고 있죠.

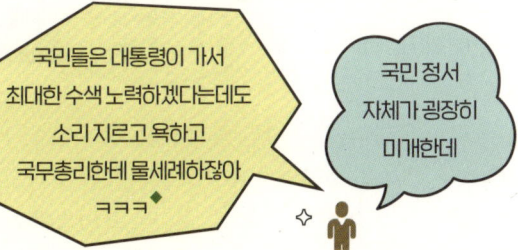

양키 윌커슨과 그 백인 쓰레기 슬래터리 딸이?

383_ 반면 대농장주 가족들은 하층계급의 노동으로 화려한 삶을 살죠.

384_ 하지만 오하라 부인은 일을 합니다. 이를테면 최고관리자죠. 지주 여성은 전통적으로 가정과 하인들을 관리할 책임이 있었죠. 게다가 남북전쟁 이후 남부 여성들은 농장일까지 떠맡는 경우가 많아졌는데, 이유는 뭐 당연하겠지만 남자들이 전쟁에 나가서.

385_ 오하라 씨는 반면 딱히 하는 일이 없죠. 거들먹거리는 거 빼면… 인생의 유일한 도전은 말을 타고 울타리를 넘는 것. 이것이 피라미드 최상층의 인생인가요.

386_ 스칼렛의 아버지 제럴드 오하라는 원래 굉장히 진취적인 사람이었습니다. 아일랜드에서 독립운동을 하다 미국으로 도피해 오직 자신의 능력과 운으로 부를 일궜죠. 장사에 재능을 보이던 이 인간은 그런데 갑자기 노예농장주가 되었는데, 이유는 그것이 **남자다운** 것이라서였습니다.

감독과 함께 장부를 정리하는 중이라서!

387_ 제럴드 오하라는 남자다움을 위해 또다른 행동을 하죠 – 결혼. 결혼으로 그이는 남자가, 노예농장주가 됨으로서 **아주** 남자다운 무언가가 됐죠.
여기서 **남자다움**의 정체가 나오죠. 가부장이 되는 겁니다.
즉 노예농장은 – 변형된 가부장제죠.

388_ 알파메일(이라고 여겨지는) 백인-남성 하나가 열등한 여성이나 열등한 흑인들, 또는 열등한 아이들을 거느리고 사는 초-대가족이 미국의 노예농장이었다, 이 말씀.

생각과 말과 행위로 죄를 많이 지었으며 자주 의무를 소홀히 하였나이다

✈ 389_ 다시 말해, 흑인들은 남자답지 못할 것을 요구받았는데, 일단 결혼을 할 수 없었죠. 물론 사실상의 가정을 꾸리는 경우는 있었지만, 가족이 학대당하는 걸 보는 것보다 따로 사는 편을 선택하곤 했다고. 프리시네 가족이 여기서 좀 특이하게 나오는데, 오하라 가에서 소-가정을 이루어 같이 살고 있죠.

> 여호사밧님 맙소사!

✈ 390_ 하지만 오하라가의 이런 전자본주의적 생산양식은 역사적 한계에 다다르고 있었습니다. 셔먼, 캐피탈리즘의 저 위대한 아티스트가 오하라가를 현대적으로 재구성하려 합니다!

SHERMAN!

✈ 391_ 집에 도착한 스칼렛은 이내 셔먼의 군단이 왔다 갔다는 사실을 알게 되죠.

타라에 양키가!

🕊 392_ 이 집 백인-여자들은 모두 전염병에 걸렸습니다. **<작은 아씨들>** 같은 소설에서도 나오지만, 간병을 도맡던 여성들이 줄줄이 전염되는 건 그리 드문 일이 아니었겠죠. 이 사실을 안 북부 군인들은 군의관을 붙여주었죠. 덕분에 딸들은 살았지만….

> 수엘렌과 커린 아씨가 장티푸스에 걸리셨는데요.

🕊 393_ 스칼렛이 평소 의지하던 어머니는 죽었습니다.

집에 갈래요! 엄마랑 있겠어요.
엄마도 제가 필요해요

🕊 394_ 그리고 멜라니까지 환자가 이 집에 하나 더 늘었죠.

아기와 함께 침대에 눕혔으니까요

395_ 스칼렛은 오는 길에 주운 젖소 이야기를 하는데….

소는 헛간에 넣든가 해.
포크

396_ 이 집에 이제 헛간은 없습니다. 셔먼의 군단이 헛간을 해체했습니다.

헛간이 없어요, 아씨

397_ 식량도 없습니다. 그들은 밭까지 해체했지요.

먹을 것도 없어요.
다 가져갔어요

398_

응, 해체함!

닭들도, 모두?

399_ 셔먼은 노예농장의 자산들도 모두 해체했습니다.

피복과 깔개부터 엘렌 아씨의 묵주까지 모두요.

400_ 노예들의 족쇄도 해체했죠.

스칼렛 아씨!
포크랑, 저뿐이에요

401_ 셔먼이 오하라가에 유일하게 남긴 자본은 남부연맹 채권뿐이죠.

채권이야.

402_ 하지만 그 채권들은 이제 무가치합니다. 셔먼은 남부연맹도 해체하고 있거든요.

남부연맹 채권?
그딴 게 무슨 소용이람

403_ 오직 집만 남겨놓았죠. 노예농장에 존재했던 그 외의 모든 물적 근거들을 셔먼은 해체했습니다. 그럼 이제 노예농장주는 어떻게 될까요?

404_ 이제 노예농장에 노예는 없습니다. 다 튀었죠. 남은 것은 이 집구석의 지박령 같은 존재인 유모와 프리시의 가족뿐이죠. 프리시의 엄마는 영화에서 등장하지 않는데, 소설에서 대략 이렇게 말합니다. "가족 때문에 남아 있는 거죠, 뭐."
딸인 프리시를 기다리고 있었던 거죠.

전쟁에 나갔거나
도망갔거나

🕊 405_ 백인들은 무능하고 의존적인 흑인들을 농장에서 자신이 먹여살려 주고 있다고 열심히 자기최면을 걸어왔죠. 하지만 흑인들은 사실 어디서든 노동할 수 있는 사람들이었습니다. 그리고 자신이 원하는 삶의 방식을 선택할 주체성이 있었죠.

🕊 406_ 초-대가족은 해체됐습니다. 초-가부장도 해체됐죠. 그렇다면 그냥 가족은 어떤가요? 그것을 지배하는 가부장도 이제 없습니다. 마누라가 죽었잖아요. 그리고 심지어 스칼렛의 어머니 엘렌은 남편을 별로 사랑하지 않았다는 사실마저 드러나죠.

407_ 소설에서 엘렌은 죽을 때 첫사랑의 이름을 부르죠.

408_ 그렇습니다. 셔먼이 물적 기반을 해체했습니다. 그러니 제도가 해체됐죠. 그러자 그것을 따라 달리고 있었던 인간관계들 역시 해체돼버렸습니다. 백인-남성은 모두가 자신을 주목하는 줄 알았고 모두들 자신에게 의존하고 있는 줄 알았습니다. 하지만 **허상**이었죠.

409_ **해체**, 그리고 제럴드 오하라는 홀로 남은 사람이 됐어요. 이제 그이는 무엇일까요? 무엇이 된 것일까요? 여기서 제럴드 오하라는 무서운 사실과 대면하게 됩니다. 가부장이 아니라는 것은 사실 부차적인 문제입니다. 진짜 문제는 **아무것도** 아니라는 것이죠.

410_ 제럴드 오하라는 원래 진취적이고 재능 있는 사람이었죠. 하지만 20년 동안 노예농장주로서 흑인들의, 그리고 부분적으로는 아내의 노동에 의존해 살아왔지요. 그것에 의존하기 위해 지배자가 되는 것만, 그런 행세를 하는 것에만 몰두해왔고, 그래서 실제로 할 줄 아는 게 아무것도 없게 됐죠.

🕊411_ 스칼렛의 아빠는 마치 자신의 빈집처럼 변한 것이죠. 겉으로는 그대로지만 그것을 사회적으로 기능하게 만들었던 모든 것이 빠져버렸고, 그래서 사실은 아무것도 아닌 존재.

🕊412_ 그렇습니다. 이 셔먼의 이 해체주의적 시도는 이전의 작품보다, 심지어 비교할 수 없을 정도로 월등하게 뛰어납니다!

🕊413_ 이것은 미국문학의 위대한 전통의 연장선상에 있는 것이기도 하지요. 물론 우리는 이것의 완벽한 원형을 언제나 그랬듯 그리스인들에게서, 구체적으로는 **메데이아**에서 발견하게 됩니다만.

에드거 앨런 포

414_ 빌어먹을 현대미술 앞에서 분개하는 스칼렛. 그리고 이제 다른 세상이 시작됐습니다.

> 신께서 증인이시다. 나는 절대 굶주리지 않으리라.

415_ 셔먼은 그 모순성을 철저히 드러내는 방식으로 구체제를 해체해버렸고, 그것은 이제 다시 우리 앞에 나타나지 못할 것입니다. 우리는 이제 옛날과 같은 삶을 살 수 없다는 것을 압니다. 셔먼쨩이 삶의 유물론적 본질을 아울러 폭로해버렸잖아요.

> 남부는 무릎을 꿇었고, 결코 다시 일어서지 못하겠지.

416_ 자본주의의 시대가 시작됐습니다. 영화에서도 관객들에게 휴식 시간이 주어지죠. 그야말로 역사철학적으로 적절한 타이밍.

INTERMISSION

417_ 그리고 우리의 주인공인 멜라니는 스칼렛의 곁에 있습니다. 몸은 아까 전부터 쓰러져 있지만, 그 정신만은 늘, 스칼렛과 함께하고 있지요.

418_ 스칼렛은 어쨌거나 멜라니를 위해 영웅적인 행동을 했지요. 멜라니가 아이를 낳게 하고, 멜라니를 데리고 혼자 힘으로 타라까지 다다랐죠. 그것에서 스칼렛의 아빠가 이미 잃어버리고 만 모험심과 진취성이 드러나죠.

> 당신이 오늘 한 일을 보면
> 셔먼도 해치우겠어.

419_ 멜라니는 스칼렛에게 오랫동안 집착해왔지요. 온갖 수단을 동원해 스칼렛과 같이 있으려고 했고, 스칼렛이 문제를 일으킬 때마다 일방적으로 편을 들었죠.

> 스칼렛은 그저…
> 성격이
> 활달하고 명랑한 거지.

420_ 사람들은, 그리고 대부분의 독자들은 처음에 생각했을 겁니다—멜라니는 착해서 그런가 보다!

오, 멜라니!
너는 너무 착해서 모르는 거야

421_ 멜라니에겐 다른 건수도 생겼죠. 올케니까 잘해주는 거야!

찰스!

멜라니!

422_ 그러나 슬슬 '아무리 그래도 저건 좀 이상하지 않나?' 싶을 때가 오기 마련이죠. 그런데 마침 스칼렛의 영웅적인 행동이 나오지 않았겠어요! 이걸 멜라니는 죽을 때까지 울궈먹는답니다.

5

Again, Gone with the Wind

멜라니 해밀톤이 스카알렛에 이끌려 타라에 다다르매 **맨 먼저 것이 나중 되어 있더라**

423_ 그리고 최애를 따라 다다른 이곳에서 인생 2막이 시작되죠.

424_ 원래 노예농장이 있었지만, 노예제도는 이제 해체됐습니다. 농장은 모두 상업적으로 변하게 됩니다. 하지만 고도산업화 시대의 농촌이 흔히 그렇듯, 미국 남부의 농촌도 인력과 자본의 유출에 시달릴 수밖에 없었죠.

425_ 신분제와 아울러 강력한 가부장 역시 해체됐죠. 전쟁이 모든 것을 박살낸 덕분에 사람들은 누구 가릴 것 없이 노동전선에 뛰어들고 있습니다. 물론 옛날 양반 가문들이 여전히 콧대를 높이고 있습니다만, 예전과 비교해보면 구성원들이 꽤 서로 동등해진 셈이죠.

> 스칼렛 나쁜 계집애. 들일이나 하게 만들고.

426_ 이런 점에서도 **<바람과 함께 사라지다>**의 배경은 한국과 상당히 비슷하죠. 한국전쟁 당시 미군 장성들도 무슨 사회질서의 로드맵이 있어서 민간시설을 싹 때려 부순 건 아니었거든요. 셔먼이나 커티스 르메이나 그냥 성격파탄자들이 총력전의 핑계를 대고 파괴적 행동을 일삼은 것이었죠.

한국전쟁 당시 폭격 모습

427_ 하지만 양키들이 땅 위에 존재하는 것들을 모두 박살낸 덕분에 한국의 지주계급 역시 박살났고, 비교적 깔끔하게 근대를, 그것도 미국적인 근대를 재시작할 수 있었던 것이죠.

한국전쟁 당시 서울 모습

428_ 도시에서 태어나고 자라고 교육받은 교양 있는 도시사람 멜라니 해밀턴은 이런 남부의 농촌에 다다랐습니다. 과연 여기서 지극한 **품성**의 정신은 어떻게 행동해야 할까요?

새마을운동의 지붕 개량 사업

429_ 그렇습니다. 멜라니 해밀턴 동지의 **농촌연대 활동**이 시작됐습니다!

🕊 430_ 줄여서 농활이라고 하죠. 그것은 **하방**◆과 서로 비슷하지만 미묘하게 다른 것입니다…?

◆ 중국에서, 당원이나 공무원의 관료화를 방지하기 위하여 이들을 일정한 기간 동안 농촌이나 공장에 보내서 노동에 종사하게 한 운동

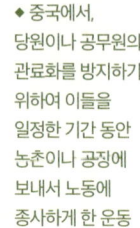

문화대혁명기 포스터

🕊 431_ 그것은 봉사활동과도 다르죠. 농활의 목적은 농촌의 인민들을 정치적으로 조직하는 데 있거든요. 물론 **농활** 덕택에 정말 그렇게 뭔가가 생겼다는 이야기는 들어본 적도 없습니다.

<선전가의 체포>

마오쩌둥 중국 공산주의 혁명가

432_ 농민들은 전통에 심히 애착을 보이며, 무엇보다 **본인**이 지주계급이 되는 걸 원하는 족속들이기에 도시 촌놈들 몇몇이 **계몽**을 해봤자 응, 너 경찰에 신고. 황제폐하 만세입니다. 네? 모택동은 혁명을 하지 않았냐고요? 여러분은 모택동이 아니잖아요, 안 돼요.

433_ 농활이 정치적으로 별 소득이 없었는데도 한국 운동권의 연례 행사가 된 이유는, 물론 농민들에 대한 연대의식 – 칭찬할 만한 – 도 중요했겠지만, 농촌, 또는 자연에 근원적인 뭔가가 존재하며, 그곳에서 그 무언가를 찾을 수 있다고 믿어서였을 겁니다.

영화 <박하사탕>

201

434_ 하지만 <나는 자연인이다> 시청률만 봐도 그렇듯이, 요새 애들은 그런 거 안 믿죠.

435_ 하지만 고도성장기를 겪고 있는 <바람과 함께 사라지다>의 인물들은 모두 약간씩은 그런 환상에 빠져 살고 있지요. 자본주의 이전에 대한 향수라고나 할까요. 가장 심한 착각에 빠져 있는 분은 스칼렛의 아빠입니다. 자신이 여전히 가부장이라고 믿고 있죠. 미친 겁니다.

> 그래도 그러면 못써요.
> 오하라 부인에게
> 말할 수밖에 없구나.

436_ 무슨 백인들은 스칼렛 빼고 다 환자인 셈. 스칼렛은 농장에 남아 있는 흑인들과 몇 달 동안 고되게 일하죠.

> 알아요.
> 그치만 내가 안 하는 일을
> 시키는 것도 아니잖아요.

🪶437_ 그동안 몸져 누워 있던 멜라니는 간신히 몸을 추슬러 일어나는데….

누워 있지 않고 뭐 해, 멜리?

🪶438_ 자기 때문에 고생하는 스칼렛이 안쓰러운 멜라니.

자기는 힘들게 일하는데
나만 침대에 있을 순 없잖아

🪶439_ 하지만 그녀의 사랑은 이미 날이 서 있었고, 짜증이란 짜증은 온통 다 부리죠.

가뜩이나 일도 많은데
간병까지 늘리려고?

440_

그 생각은 못했구나.

(맴찢)

441_ 방에 들어가 **옷을 벗고** 속옷 차림으로 있던 멜라니는 (눈물을 글썽였겠죠!) 이내 수상한 소리를 듣게 됩니다.

442_ 탈영병이 나타난 것이죠. 탈영병이 스칼렛을 위협하는 소리가 들리고….

혼자야, 작은 아씨?

📎 443_ 멜라니는 찰스의 군도를 뽑아들고 뛰쳐나가죠.

📎 444_ 그 순간 스칼렛이 총을 쏘았고, 탈영병은 머리에 구멍이 난 채 죽었습니다.

프로이트

📎 445_ 발사된 총, 칼집에서 뽑힌 칼, 잠옷을 입고 있는 멜라니. 사람의 몸에 난 구멍, 피 그리고 죽음까지. 작심하고 성적인 암시를 채워 넣은 장면이죠. 그 무기들은 스칼렛의 죽은 남편 찰스의 것이었고, 게다가 실전에서 사용하지 못했던 것들이라는 점을 떠올린다면, 더 노골적이죠.

📎 446_ 아, 빼먹을 뻔했군요. 스칼렛이 탈영병과 대면하기 앞서 신발을 벗는 장면도 있죠.

447_ <바람과 함께 사라지다>는 뭔가 1인칭 시점 같은 3인칭 시점의 소설인데요. 그러니까 심리묘사가 나오긴 나오는데, 거의 언제나 스칼렛의 심리만 표현됩니다. 스칼렛은 멜라니가 칼을 끌고 나온 이 장면을 여러 차례 회상하곤 하죠.

448_ "멜라니의 얼굴에서 스칼렛이 기억하는 모습이 보였으니, 멜라니가 계단 꼭대기에서 죽은 양키를 내려다볼 때의, 여린 손목으로 군도를 지지하던 그때의 바로 그것이었다."

제발, 아무 말도 하지 마

449_ "스칼렛은 멜라니가 자신의 칼이었으며 또 방패였음을 알았다. 멜라니는 칼을 들고 자기 옆에 있어 준 것이었다…."

450_ 또는 "그때는 이렇게도 생각했다. 어리석긴! 저걸 들어올릴 수나 있단 말이야?"

멜라니 해밀턴. 그, 도덕책. 걔 비밀 따위가 뭐람

451_ "세이버를 들고 계단 위에 서 있던 멜라니…."

묻겠다, 그대가 나의….

452_ 딜도 얘기는 이쯤 합시다.

스칼렛, 저 남자를 죽였구나

453_ 멜라니는 요조숙녀인 척 행세하지만, 남성적인 – 또는 남성적인 것으로 여겨지는 – 기질이 무시무시하게 있는 사람이죠. 곧 과격하고 잔인한 일면이 언뜻언뜻 드러나는데, 이 장면이 대표적입니다. 그리고 섹스 역시 왜 그런지는 모르겠지만, 그런 폭력성과 밀접한 관련이 있는 무언가죠.

잘했어.

454_ 총소리에 깜짝 놀란 스칼렛의 가족들은 소리를 지르죠.

스칼렛! 스칼렛! 무슨 일이야?
뭐야, 스칼렛! 무슨 일이냐고!

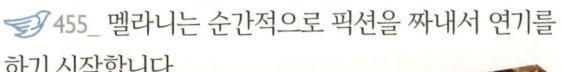455_ 멜라니는 순간적으로 픽션을 짜내서 연기를 하기 시작합니다.

겁낼 거 없어, 애들아. 너희 언니가 리볼버를 청소하다 발사된 거야. 놀라 죽으려고 하네.

456_ '저렇게 거짓말을 잘하는 사람이었어???'라고 스칼렛은 깜짝 놀라죠. 사실 소설에서 멜라니가 (선의의) 거짓말이나 연기를 하는 장면이 몇 번 나왔습니다만, 스칼렛은 보고 나서 까맣게 잊어버렸던 거죠.

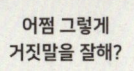어쩜 그렇게 거짓말을 잘해?

457_ 지금까지 다 거짓말이었지만 너에게만은 진심이야!

458_ 시체를 숨겨야 한다고 주장하는 멜라니. 둘은 계단을 내려가며 어떻게 저 남자를 끌어낼지를 논의하는데….

밖으로 끌어내서 파묻어야 해

459_ 아주 결정적인 장면이 나와야 하죠. 스칼렛이 멜라니에게 무리하지 말라면서 이렇게 말하죠.
스칼렛: 침대로 가…. 그러지 않으면 내가 널 들어서 위층으로 옮길 테니까.
그러자 멜라니는 엄청 좋아하면서, 사랑의 고백을 하며 You are very dear, Scarlett, 스칼렛의 뺨에 키스를 합니다.

네가 고양이는 끌겠니?

460_ 잠깐만, 이런 장면이 있었냐고요? 물론 있습니다. 단지 영화에서 안 나올 뿐이죠. 왜 갑자기 멜라니의 행복 회로가 폭발했을까요? 한국인들은 결혼식을 이제 서양식으로 올립니다만, 한 가지 관례만은 잘 따라 하지 않죠. 하지만 우리는 그것을 압니다. 바로 신랑이 신부를 들어안고 침실로 가는 것이죠.

461_ 영화는 일부러 뺀 것이죠. 이 장면은 실제로 찍혔더라도 바로 수정됐을 겁니다.
감독: 자, 암매장하자, 그리고 계단 내려오고, 터는 장면까지. 레디 액션.
비비언 리: 나와 결혼해주겠어?
올리비아 드 하빌랜드: 너무 좋아, 자기!
촬영: ….
각본: ….
감독: 잠깐만 컷.

462_ 올리비아 드 하빌랜드: 왜요, 감독?
감독: 여러분, 우리는 미국인들의 보수성을 생각해볼 필요가 있습니다.

퀸의 <I want to break free> 앨범
☞ 멤버들의 여장은 미국인들의 보수성을 심히 자극했고, 퀸이 미국에서 활동을 사실상 중단하는 결과를 낳았다.

🕊 463_ 프로듀서: 장면을 바꾼다고? 왜?
감독: 일단 보시죠.
올리비아 드 하빌랜드: 남자들은 다 죽여야….
프로듀서: ….
감독: …
프로듀서: …키스신도 있었어?
감독: 책에 "입술을 뺨에 붓을 그리듯 살며시…."
프로듀서: ….
감독: ….
프로듀서: 자, 미국인들의 보수성을 생각해보자고…?

🕊 464_ 영화가 오빠의 칼과 사진을 가져가자는 대목에서 사진을 남편의 것으로 슬쩍 바꾼 이유는 여기에 있죠. 그것은 똑똑한 사람들이 벌이는 우행의 일종입니다. 누구도 신경 쓰지 않지만, 불안감으로 인해 그들은 필요 없는 변명을 하고, 그 변명이 오히려 단서가 되지요.

애슐리의 사진과 찰스의 칼. 가져가고 싶어 하는 거야.

🕊 465_ 그렇습니다, 이 사람들은 다 알고 있었습니다. 청문회 가야 합니다.

데이비드 셀즈닉 (왼쪽)과 시드니 하워드 (오른쪽)

466_ 여담이지만 최근의 영화 <아가씨>에서도 찰스의 칼과 유사한, 남성기를 상징하지만 오히려 그 상징성 때문에 현실의 남성은 제거된 세계를 의미하는 아이템이 나오죠. 사람 생각하는 건 다 비슷한 모양입니다.

467_ 계단을 다 내려와서 멜라니는 탈영병의 가방을 털자고 합니다. 역시 경제력은 자립에 중요하죠.

> 저놈의 배낭을 뒤지는 게 잘못된 일이라고 생각해?

468_ **그런 생각**은 못 하는 게 정상입니다. 시체를 앞에 두고 태연하게 머리를 굴리는 멜라니가 사실 좀 이상한 거죠. 그나저나 키스신을 팔짱 정도로 퉁칠 생각을 하다니….

> 왜 그런 생각을 못했는지 부끄러울 따름이네

469_ 탈영병을 끌어내는 스칼렛. 그런데 탈영병의 머리에서 피가 흘러내리고….

🕊470_ 스칼렛은 머리를 싸매게 멜라니의 옷을 벗으라고 합니다…?

잠옷 좀 내줘. 멜리
머리를 감싸야겠어

🕊471_ 글쎄, 여담이지만 머리head라고 하니 희대의 번역파동 하나가 떠오르는데요. **<호밀밭의 파수꾼>**에서 선생이 자고 있는 주인공의 head를 어루만졌다에서 head를 귀두…로 번역한 분이 계셨죠.

> 🕊@TANSSAM
> Rt) 저 호밀밭의 파수꾼 토론시간 때 진짜 웃겼던 게 머리번역 읽은 사람들은 홀든의 예민함을 주장하고 귀두번역 읽은 사람들은 쟤들 미친 거 아냐; 웅성웅성(ㅋㅋㅋㅋㅋㅋㅋㅋㅋㅋㅋㅋㅋㅋㅋㅋㅋㅋㅋㅋㅋㅋㅋㅋ)

🕊 472_ 그분이 <바람과 함께 사라지다>를 번역하면 여기서도 head는 귀두로 번역되지 않았을까 싶네요. 그게 귀두인데 이게 그냥 머리일 리가 없지 않습니까?

> 🕊 @TANSSAM
> 토론이 이상해지자 교수님이 뭐가 문제인지를 물었으나 귀두파들은 상황을 설명하는것도 어려워했다.
> 교수님: 무슨 얘기죠?
> 귀두파: 그거… 그걸 만졌잖습니까?
> 교수님: ?
> 귀두파: 그… 귀… 그… 구ㅣ두…

🕊 473_ 멜라니의 머릿속에서 섹스가 한 5만 번, 결혼이 한 17만 번쯤은 나올 만한 상황(반대인가요?). 영화를 찍던 예술가 양반들은 비명을 지르며 원작에서 도망다니고 있습니다. 하지만 스칼렛은 '얘 왜 이래…?'라는 생각뿐이죠. 역시 인문학적 소양이 없어서일까요?

얌전 떨기는!

🕊 474_ 스칼렛: 같은 여자인데 왜 그렇게 부끄러워해…?????
멜라니: (같은 여자니까 부끄럽지…!)

한심하긴! 안 쳐다봐.

475_ 멜라니: (아니, 사실 너라서 부끄러웠던 거야.)

뭐래…???

476_ 멜라니가 공상적인 사람이라면 스칼렛은 현실적인 사람이죠. 약간 더 어려운 말로 하면 즉물적인 사람. 멜라니가 에로틱한 상상에 빠져 있는 사이 스칼렛은 죽음을 생각합니다.

스칼렛! 어제 우리 결혼식에서 나는 너를 생각했어.

내가 살인을 했나 봐.

477_ 아니, 사실 살인을 했다면 그것을 생각하는 것이 일반적인 사람이겠죠. 스칼렛은 그것을 내일 생각해야겠다고 말합니다.

내일 가서 생각해야지.

478_ 그리고 이것은 끝이 아닙니다. 스칼렛은 악몽을 꾸게 되죠. 그리고 다음 날도, 그 다음 날도….

479_ 그것은 한편으로는 고난이 남긴 상처 때문이기도 하고, 한편으로는 죄책감 때문이기도 하고,

거짓, 절도, 사기, 살인, 그 무엇을 저지른대도

영화 <조커>

480_ 한편으로는…

481_ 너의 꿈은 근대의 해체적 성격을 반영하고 있구나. 그래, 이 물화된 세계에서 인간은 한낱 파편으로, 세계 속에 있으면서도 그 세계의 것들과는 불확실하고 임시적인 관계로밖에 맺어지지 못하지. 세계는 오직 빵만을 약속하는 듯하지만, 말씀 없이는 그것이 약속인지 알 수가 없어….

뭐래…?

482_ 음… 그러니까 이 세상에서 우리는 불안하고 쓸쓸해지곤 한다는 거야. 꿈에서 매일 안개 속을 홀로 헤매는 건 그래서일 거야. 곁에 있어 줄 사람들이 네게 필요하다고, 꿈이 네게 속삭이는 거야….

안개 속을 달렸는데도 찾을 수가 없어.

483_ 스칼렛: 하여간 문과반 애들은 말을 쓸데없이 어렵게 한다니까! 쉽게 말하면 덧나니? 그런데, 사람을 곁에 두라고? 그럼 악몽을 안 꾼대?
멜라니: 도움이 될 거야.
스칼렛: 잘 때 애들이라도 옆에 재울까? 아니, 애들은 귀찮아서 싫은데…. 아님 너랑?

!!!!!

484_

…손은 왜 잡는데?

그래! 나랑 같이 자자! 손만 잡고 잘게!

485_ 그래서 이 둘은 정말 같이 자게 됩니다.

🕊 486_ Nothing at all – yet the thought of dropping off into that mist – filled country so terrified her she began sleeping with Melanie, who would wake her up when her moaning and twitching revealed that she was again in the clutch of the dream (Chapter 28).◆

◆ 아무것도 아니었다-하지만 안개로 자욱한 그 속으로 떨어진다는 생각이 그녀를 소름 끼치도록 만들었고 그녀는 멜라니랑 같이 자기 시작했으니, 그녀가 신음하거나 경련해 그 꿈에 사로잡힌 걸로 드러나면 멜라니는 그녀를 깨워주었다. (28장)

🕊 487_ 멜라니 해밀턴의 **품성**은 다시금 위대한 승리를 거두었습니다! 그 힘은 대체 어디까지일까요?

🕊 488_ 소설은 '악몽을 꾸면 깨웠지롱.' 정도로 간략하게 넘어가지만, 상상해봅시다. 악몽에 시달리는 사람을 깨웠습니다. 다시 마음을 가라앉히고 재우는 과정에서 무엇이 필요할까요? 소설은, 그리고 영화는 나중에 그것을 보여 주지요. 스킨십이 뒤따르죠, 반드시.

<승리의 여신상>, 웨일즈 에버리스트위스 소재

🕊 489_ <아가씨>의 초반에도 같은 장면이 나오죠. 역시 사람 생각하는 건 서로 비슷합니다.

영화 <아가씨>

490_ 소설이 그리는 대로 영화를 찍었으면 적어도 침대에 같이 누워 있는 장면은 들어갔겠죠. 키스신 다음에. 만약 그랬다면 보수적인 남부인들이 끔찍하게 기뻐했을 텐데요. 아쉬운 일입니다.

491_ 거칠 것이 없어진 멜라니는 최애와 이거저거 못해 본 거 다 해보기 시작하는데요.

492_ 타라에 북군 정찰병들이 다시 출현, 집에 불을 냅니다. 혼자 남아 있던 스칼렛은 불을 끄다 탈진 상태에 이르죠. 그 순간 멜라니가 '뿅' 하고 나타납니다. 멜라니는 서둘러 소화 작업을 하다 불이 붙은 스칼렛의 어깨를 후려치고, 스칼렛은 기절. 영화에는 없는 내용이죠.

493_ 잠시 후 깨어난 스칼렛은 멜라니의 무릎에 머리를 베고 있습니다. 일어나려고 하자 멜라니가 속삭입니다.
"그대로 있어, 자기. 불은 다 꺼졌으니까."
서로 농담(중간에 매우, 매우 반윤리적인 것이 있죠!)을 하며 둘은 즐거운 시간을 보내고, 스칼렛은 생각하죠. '아… 이게 **자매애**란 건가…?'

494_ 답도 없는 여성혐오자 스칼렛이 자매애 비슷한 무언가까지 가고 있는 것만으로도 놀라운 일. 정확한 표현은 **더 긴밀한 동무애의 감정** a Closer Feeling Of Comradeship인데요.

영화 <시스터 액트>

495_ 하지만 멜라니 동지의 저 무릎 베개가 정말 그냥 동무애Comradeship, 즉 친구로서의 감정이면 세상에 성애란 것은 존재하지 않을 것입니다. 스탈린 동지는 왜 존재하지도 않는 동성애를 탄압했을까요!

스탈린

496_ 그렇습니다. 멜라니는 그저 몇 방울이 떨어지는 수준이 아닙니다. 이것은 폭포입니다! 폭풍입니다! 태풍입니다!

497_ '캐릭터에게서 연애감정을 쥐어짜기'를 요새 일각에서는 '착즙'이라고 한다는데요. 영화에서는 멜라니에게서 이성애를 짜내고 있지요. 곧 애슐리를 사랑하는 듯한 장면이 종종 나오곤 합니다. 찰스의 사진을 애슐리의 것으로 바꾼 것뿐만이 아니고, 가령 이런 장면이라든가,

498_ 이런 장면이라든가.

상하지 않게 하겠다고…

499_ 다들 소설에는 전혀 없는 장면이죠. 여기서 우리는 **<바람과 함께 사라지다>**의 특이한 점을 발견하게 됩니다. 그대로 영상으로 옮긴다면 노골적인 퀴어 작품으로 돌변할 이야기이지만, 소설을 읽으면서는 그런 점을 느끼기 좀 어렵단 말씀.

500_ 어쩌면 이것은 문체에서 기인하지 않나도 싶습니다. 미첼은 원래 기자였는데, **<바람과 함께 사라지다>**도 기사의 느낌이 나죠. 구체적으로는 일명 **르포** 느낌입니다. 사실 전달에 치중하며 즉물적이죠. 하지만 헤밍웨이나 이런 사람들과는 다르게,

<도스토옙스키>

🪶 501_ 미첼의 문장은 간결하기보다는 치렁치렁하죠. 그렇다고 저기 프랑스 놈들처럼 끈적끈적한 맛이 있다거나 한 것도 아니고, 도스토옙스키처럼 사태나 심리를 파고드는 집요함이 있는 것도 아니죠. 언뜻 디킨스가-멜라니의 최애 작가로 나오는-연상되기도 하지만,

🪶 502_ 디킨스의 번뜩이는 센스가 미첼의 문장에는 없죠. 글쎄, 브론테와 비교해볼까요?

<제인 에어> "나의 눈동자 안에서 로체스터 씨는 잉그램 양에게 향하고, 잉그램 양은 그에게, 다시 내 눈동자 안에서 그를 향해 머리를 기울이니, 흑옥빛의 곱슬머리가 그의 어깨를 매만지고 그의 뺨에서 살랑인다. 나의 귀에는 서로 속삭이는 그들의 목소리. 나의 회상은 그들의 엇갈리는 시선. 그 광경이 일으킨 격정을 나는 기억한다, 지금 이 순간의 느낌으로…."

<바람과 함께 사라지다> "스칼렛은 춤추고 싶었다. 스칼렛은 춤추고 싶었다."

🪶 503_ 물론 미첼의 평범하고 평범한 문장에도 장점이 있지요. **문예**적으로 높게 평가할 유형의 장점은 아니지만 알 게 뭔가요, 무슨 신춘문예에 투고할 것도 아니잖아요. 일단 그 단순하고 즉물적인 스타일이 스칼렛과 아주 잘 어울리죠. 스칼렛 역시 그런 인간이니까요.

> 자신의 안위만 중시하고 남부의 대의는 아랑곳하지 않아.

504_ 독자는 스칼렛과 비슷한 마음으로 사건들을 경험하게 됩니다. 문장에 깊이란 것이 도무지 없기에, 오히려 독자와 사건과의 거리는 가까워지죠. 인물과의 거리도 마찬가지. 이 결과 미첼의 강점인 인물과 사건, 즉 서사 자체가 더 돋보이게 됩니다.

> 평판 따위는 굳센 용기로 이겨낼 수 있지요.

505_ 무엇보다 강력한 장점은 술술 잘 읽힌다는 것이겠죠. 가령 <제인 에어>는 글 읽기를 이미 좋아하는 사람들, 이를테면 문학소녀를 위한 소설입니다. 감수성의 차이가 사람마다 있긴 하지만, 어느 정도는 독서의 훈련을 거쳤어야 하죠. 하지만 <바람과 함께 사라지다>는 글자만 읽을 줄 알면 됩니다.

506_ 소설에 이런 대목이 있죠.
애슐리: 레트 저 사람 보르자 닮지 않았어?
스칼렛: 보르자가 누구?
애슐리: ….
스칼렛: 이 동네에 그런 사람도 있었나?
찰스: 아니 그 이탈리아 사람인데….
스칼렛: 아, 외국인이군요.(노관심)
스칼렛처럼, 독자는 체사레 보르자를 몰라도 되죠.

<체사레 보르자>

<괴터데메룽>

507_ 또는
레트: 이 상황은 마치 괴터데메룽◆….
스칼렛: 시끄러. 라든가.

◆ Götterdämmerung. 바그너의 오페라 <니벨룽의 반지>의 마지막 장 제목으로, '신들의 황혼'이라는 뜻임

508_ 인문학적 소양과는 거의 무관하게, 탁월한 서사적 경험을 독자들에게 선사한다는 점에서, 그리고 이 결과 매우 잘 팔렸다는 점에서, 가장 실용적인 소설 중 하나일 것입니다. 여러모로 미국적입니다. 어떤 의미로는 가장 소설다운 소설이라고도 하겠어요.

509_ 하지만 소설의 이런 태도는 미친 인문학 빌런인 멜라니에서 균열을 일으키게 됩니다. 멜라니는 현모양처인 양 행세하고 있었지만 죄다 연극이었고, 가끔씩 주체할 수 없는 똘끼가 튀어나오곤 했죠. 스칼렛이 응? 뭐지??? 하고 바로 잊어버린 것처럼, 독자들도 그것을 망각하고 말았던 겁니다.

510_ 영화도 소설과 비슷한 미덕이 있죠. 한곳을 파고드는, 굳이 어렵게 말하면 '핍진'하는 그런 예—술적인 느낌은 그닥이지만, 캐릭터들은 발랄하고 사건들은 흥미롭고, 관객들은 시간 가는 줄 모르죠. 이어 그것들이 현실성을 낳고, 그 현실은 문제성을 드러내고, 그것이 작품의 진정한 예술성이 되죠.

그래!

📎511_ 영화는 소설과 사건들이 거의 비슷하고 캐릭터들의 성격도 역시 비슷합니다. 단 레트는 딱 소설의 그 레트라기보다 클라크 게이블이 클라크 게이블을 연기하는 느낌이 좀 있죠. 그러나 게이블의 레트도 그럭저럭 영화와 어울리고 만만찮게 매력적이죠. 그 연기에 일관성이 있는 건 말할 필요도 없고요.

📎512_ 오직 멜라니의 경우만 캐릭터가 장면마다 서로 약간씩 따로 놉니다. 스칼렛에 대한 연정만 보아도 그렇죠. 어떤 경우는 소설의 사태를 은근슬쩍 숨기고,

키스신은 안 찍는대.

📎513_ 어떤 경우는 정반대의 행동을 하고,

📎514_ 그런데 어떤 경우는 오히려 더 노골적이지 않나 싶단 말이죠. 아무래도 이 점에서 제작진들 간에 견해가 제각각이었던 모양입니다. 아닌 게 아니라 1939년 당시 제작진들이 각본을 놓고 대판 싸워댔던 일화가 전설처럼 전해지죠. 이 다툼이 따로 극화되기도 했다고.

애슐리는 무사해. 명단에 없어.

515_ 큐커(감독): 아니 왜 각본을 계속 고치는 거야? 원래 것만 못하잖아.
셀즈닉(PD): 내가 제작이니까 내맘대로 할 거야.
큐커: 나는 이런 개악에 찬성 못 해, 내 이름 빼.
셀즈닉: 나가!
큐커: 안녕.

조지 큐커

빅터 플레밍

516_ 셀즈닉: 플레밍, 이제부터 네가 감독해.
플레밍: 나 지금 딴 거 찍는데??
셀즈닉: 그건 편집만 남았잖아. 야근해, 야근!

데이비드 O. 셀즈닉

517_ 플레밍: 뭘 그렇게 서둘러 천천히 해.
셀즈닉: 촬영 하루 미룰 때마다 5만 불씩 나가.
플레밍: 그거 좀 어디서 땡겨서….
셀즈닉: 야, 지금이 1939년이야? 2020년 기준으로 하루에 10억 원이야.
플레밍: 히익.

데이비드 O. 셀즈닉

518_ 플레밍: 깨작깨작 고치지 말고 각본 정리부터 원큐에 하자.
하워드(각본): 아, 하기 싫다.
셀즈닉: 하지 마, 인마.

519_ 플레밍: 저기요, 저기요, 일어나세요.
헥트: 뭐… 뭐야?
셀즈닉: 야, 이거 각본 좀 정리해. 꼬마작가들 붙여줄 테니까 5일 내로 써.

시드니 하워드

520_ 헥트: 뭐? 바함사? 쓰면 쓰는데 잠깐만.

셀즈닉: 왜? 급해 지금.

헥트: 나 소설 그거 아직 안 읽었어.

셀즈닉: 야, 어떻게 이걸 안 읽어.

헥트: 베스트셀리라고 꼭 읽어야 되냐?

셀즈닉: 내가 알려줄게. 대략 이런 내용이야.

벤 헥트

521_ 셀즈닉: 자 여기서 써.

헥트: ㅇㅇ.

셀즈닉: (철컥)

헥트: 헉, 내보내주세요, 내보내주세요.

셀즈닉: 다 쓸 때까지 못 나와.

헥트: 배고파.

데이비드 O. 셀즈닉

셀즈닉: 자 여기 바나나랑 땅콩.

헥트: 밥 줘.

셀즈닉: 없어.

522_ 셀즈닉: 흑흑, 그래도 시간이 모자라잖아. 하워드님 도 와주세요.

하워드: 잘한다, 정말.

시드니 하워드

셀즈닉: 헥트님도 1주일만 더… 어디 갔어??? 야, 헥트 너 지금 어디야?

헥트: (고객님께 연결된 전화기가 꺼져 있어)

523_ 그러던 와중에 두번째 감독인 플레밍이 도주하는 사건까지 일어났죠. 하지만 셀즈닉은 급조된 촬영팀과 일명 **쪽대본**들 사이에서 일정을 기어코 강행시켰습니다. **리얼**이나 **트랜스포머5**급의, 아니 제대로 영화가 나올지조차 의심스러운 상황이었는데요.

<달빛과 목련>
싸움과 납치, 도주와 기적

<바람과 함께 사라지다>의 제작 소동은 널리 알려져 있습니다. 연극으로도 만들어졌는데요, 이름하여 <달빛과 목련Moonlight and Magnolias>. 이 우당탕탕 코미디는 다음과 같은 역사적 사실에서 출발하죠.

 <바람과 함께 사라지다>의 제작자인 셀즈닉, 그리고 '첫 번째' 감독이었던 큐커, 둘은 절친. 그런데 촬영을 개시하고 나서, 셀즈닉과 큐커는 다투기 시작했어요. 셀즈닉은 촬영에 간섭하며 시나리오를 깨작깨작 고쳐댔고, 큐커는 이딴 영화의 타이틀에 자기 이름은 못 넣겠다고 말했죠. 셀즈닉은 이렇게 답했어요: "응, 나가." 그러자 큐커는 정말 나갔습니다.

 새로운 감독이 필요했지요. 셀즈닉의 선택은 검증된 빅터 플레밍. 그런데 플레밍에게는 영화 <오즈의 마법사>의 마무리가 남아 있었어요. 그럼에도 셀즈닉은 플레밍을 끌고 와 투잡을 뛰게 했지요. 이미 촬영이 개시돼, 놀아도 하루에 5만 달러, 2020년의 가치로 10억 원씩 지출하던 상황이었거든요.

 메가폰을 넘겨받은 플레밍은 각본 문제가 있다는 것에 동의했습니다. 영화를 어떻게든 4시간 안으로 끊어야 하는데, 각본은 6

시간 분량이었거든요. 그런데 각본가인 시드니 하워드는 써놓은 걸 고치는 데 비협조적이었습니다. 현장으로 와서 작업해 달라는 요청에, 하워드는 집 밖으로 나가기 싫다고 답했죠. 열받은 셀즈닉은 각본가도 구하기로 했지요.

셀즈닉은 시나리오 작가인 벤 헥트의 방에 쳐들어가, 자고 있던 헥트를 깨웠어요. 여기서 또 문제가 생겼으니, 헥트는 거국적 베스트셀러였던 <바람과 함께 사라지다>를 안 읽었던 것이죠. 다급했던 셀즈닉과 플레밍은 2인극을 하며 소설의 내용을 설명했다네요.

헥트와 다른 서브작가들을 납치한 후, 셀즈닉은 그들을 가두고 스파르타식으로 글을 짜내게 했죠. 밥 먹을 시간도 아깝다며 땅콩과 바나나만 배급했다고 하네요. 연극 <달빛과 목련>의 메인 테마가 바로 이 감금 사태인데요. 이 희극에서 주인공들은 5일 만에 멋진 각본을 만들어내는 데 성공하죠. 하지만 이것은 거짓말입니다.

실제 역사에서는 1주일이 지나도 각본 작업이 미완성이었고, 셀즈닉은 하워드와 다른 작가들에게 다시 손을 벌려야 했지요. 헥트는 예외인데, 자유를 얻자마자 도주했거든요.

그리고 얼마 지나, 배우와 스탭들은 또 누가 없어졌음을 알았습니다. 이번에 도망간 사람은 다름 아닌 감독인데요. 과로에 시달리며 스칼렛과 신경전까지 벌이던 플레밍의 멘탈이 마침내 붕괴했던 겁니다. 플레밍이 회복되는 사이 대타로 샘 우드가 들어왔죠.

여기서 셀즈닉은 아예 분업을 하기로 작정했어요. 감독을 하나 더 영입해 촬영팀을 여섯 개나 굴린 거죠. 정식 감독이 넷에 작가가 최소 열둘인 초유의 사태가 일어났어요. 각본 작업이 촬영과 함께 계속돼, 현장에서는 쪽대본이 일상이었죠. 영화의 개연성은 둘째 치고, 영화란 게 나올지도 의심스러운 상황.

그런데 이 난리통에서 누구도 예상하지 못하게 멋진 영화가 나왔습니다. 단지 멜라니라는 캐릭터만 장면마다 성격이 살짝씩 다를 뿐이죠. 이 차이는 두 가지 사실을 증명합니다. 곧 다른 부분에서는 아예 공장을 돌려도 될 만큼, 제작과 감독과 각본가들이 그들 사이에 기획이 잘 공유되었다는 이야기죠. 반면 멜라니에 관해서만 사람들의 생각이 제각각 달랐고, 그것이 다툼으로 번진 것입니다.

524_ 놀랍게도 정상적인 영화가 뽑힌 거 아니겠어요. 멜라니의 은밀한 사정만 비껴간, 괴상한 은총이죠. 여기서 우리는 첫 번째 감독인 큐커가 도중하차한 게 성적 지향 때문이었다는 주장에 주목할 수밖에 없게 됩니다. 이 얘기 또한 다소 황당한데,
레트 역의 클라크 게이블이 과거 큐커의 정부였고, 나중에 재회한 게이블이 큐커를 못 견뎌했다는 겁니다. 큐커의 지인의 책(Point to Point Navigation)에 실린 이야기이고 객관적 진실은 글쎄입니다만, 다음은 확실하죠.

525_ 큐커는 오픈리 게이Openly(1939년의!)였습니다. 그리고 여성캐릭터를 굉장히 잘 다루는 감독이었죠.

영화 <여자들>

526_ 큐커는 그 4년 전인 1935년, 퀴어영화라고 해석해야 마땅할 영화를 찍은 적이 있죠. 바로 <실비아 스칼렛>. 캐서린 헵번이 남장여자 역할을 합니다. 영화는 예상하시는 대로, 남자인 줄 알았다는 핑계로 여자들끼리 키스하고 난리도 아니죠.

527_ 여담이지만 캐서린 헵번도 스칼렛 역의 물망에 올랐던 당대의 대배우들 중 하나. 스칼렛의 오디션 전국투어는 전미를 소란에 빠뜨렸지만, 결과는 뜬금없이 물 건너온 영국인에게 돌아가 미국인들을 한때 분노하게 만들었죠.

528_ 모르긴 몰라도, 큐커가 감독을 계속 맡았으면 분명 다른 느낌의 영화가 나왔겠지요. 특히 멜라니 역할이 그랬겠어요. 아닌 게 아니라 여배우들도 큐커를 무척 좋아해서, 감독이 플레밍으로 바뀌었을 때 셀즈닉에게 항의하러 달려갔다고.

빅터 플레밍

529_ 둘 중 비비언 리는 큐커를 유난히 좋아했고, 몰래 큐커를 찾아가 연기 지도를 받곤 했대요. 반면 새로 온 감독과는 사이가 나빴는데, 스윗가이였던 큐커와는 달리 플레밍은 마초적인 양반이었답니다. 홀로 미국으로 건너온 비비언 리를 좀 험하게 대했다는 모양이죠. 그런데,

◆ "Vivien and Scarlett were first cousins, in my opinion, because they were both very cunning, conniving and manipulative.", "The Making of a Legend"에서의 Sunny Lash의 인터뷰 대사

530_ 말씀드렸다시피, 이 플레밍은 중간에 도망가버리죠. 보름 후 다시 돌아오긴 하지만요. 당시 스탭들에 따르면 사유가 신경쇠약이라는데, 그 원인으로 과로와 더불어 배우들과의, 특히 비비언 리와의 신경전이 꼽히죠. 그런데 또 당시 스탭의 증언에 의하면, 비비언 리는 저 '스칼렛의 사촌인가 싶을'◆ 정도로 음험하고 약삭빠르며 사람을 조종하는 데 재능이 있었다는 겁니다.

🕊 531_ 앞서의 두 가지 사실을 조합할 때, 우리는 다음과 같은 광경을 상상하게 되는데요.

플레밍: 컷! 아니, 거기서 왜 웃나? 대본은 보고 연기해요?
리: 글쎄요, 저는 이게 훨씬 낫다고 생각하는데요.
플레밍: 무슨 소리야? 당신이 감독이오?
리: 어떻게 생각하세요, 촬영감독님?
할러: 어… 글쎄요, 금방 그것도 참신하고 좋지 않나.
플레밍: ???
리: 자기 생각은 어때요, 애슐리?
하워드: 제 생각도 그러니까….
리: 다들 그렇게 생각하던데, 감독님만 모르셨구나. 그치, 멜라니?
드 하빌랜드: 애들같이 두 분 다 왜 그러세요. 싸우지 마시고….
플레밍: 으앙.

🕊 532_ 산전수전 다 겪고 커리어의 정점에 오른, 사람 다루는 데 도가 텄을 50대의 남성 감독이 막 20대의, 거의 무명이었던 여배우에게 당했다는 저 가설이 물론 믿기지 않으시겠죠. 저도 믿을 수가 없습니다. 그런데 그 정도는 되어야 감독이 도망갈 게 아니겠어요. 우연일까요, 촬영장 비하인드 컷 중에, 비비언 리가 마치 감독처럼 스탭들에게 지시를 내리는 듯한 사진이 있지요.

533_ 소설도 의외로 미스터리스러운 부분이 많지만, 영화는 이처럼 제작 자체가 미스터리어스하죠. 플레밍이 정확히 어떤 이유로 도망갔는지는, 아마 영원히 풀리지 않을 의문일 것입니다. 글쎄요, 정말 큐커는 대놓고 퀴어영화를 찍을 작정이었을까요? 불현듯 나타난 퀴어성에 스탭들은 어떤 반응을 보였을까요? 누가 이성애 착즙에 또 앞장섰을까요?

534_ 이 문제에 관해 직접 답을 주실 분이 한 분 계시죠. 다름아닌 이 분.

올리비아 드 하빌랜드

<Melanie Remembers-Reflections by Olivia de Havilland>

535_ 멜라니 역의 올리비아 드 하빌랜드 여사는 이 책의 초고를 쓸 때까지만 해도 정정하게 살아 계셨는데요. 당시 나이가 102세. 그리고 이분이 88세 때, 그러니까 2004년, **<Melanie Remembers-Reflections by Olivia de Havilland>**라는 짧은 다큐멘터리를 찍었는데요. 90이 가까운 나이에도 발성과 표현이 감탄스러울 정도로 탁월하시죠.

536_ 우리의 영원한 멜라니는 촬영 당시를 다음과 같이 회고합니다.

537_ 우려 속에서 감독이 큐커에서 플레밍으로 바뀌고, 멜라니가 스칼렛을 영화에서 처음 만나는 신이 촬영됐죠. 리허설에서 드 하빌랜드는 스칼렛을 매우 정중하고 프렌들리하게 대하는 멜라니를 연기했어요. 그러자 '무척 재치 있는' 사람이었던 플레밍이 드 하빌랜드를 살짝 불러 말하기를,

538_ "멜라니가 말하는 것이 무엇이든, 그 의미는…(드 하빌랜드의 의미심장한 웃음) 자, 이제 돌아가서, 그 의미를 담아 연기해봅시다."
그래서 드 하빌랜드가 저 (의미심장한 웃음)을 따라 연기하니 원더풀했더란 거죠! 그래서 멜라니는 새 감독에 대한 신뢰가 차올랐다네요. 여러분은 이미 알고 있어요. 저 (의미심장한 웃음)에 플레밍의 어떤 지시가 놓여 있었는지를요.

다큐멘터리 <Melanie Remembers-Reflections by Olivia de Havilland>에서의 올리비아 드 하빌랜드

539_ 다른 사람들이 여태까지 멜라니에게 기대했던 정중하고 친구다운 그 어떤 우애의 감정이 아닌, 그것과 언뜻 비슷하지만 그것을 벗어나는 다른, 살짝 감춰진, 또는 감춰져야만 했던 어떤 감정. 그것은 바로 연애 감정, 곧 연정, 즉 사랑일 수밖에 없겠죠.

#본인피셜

이것을 감히 제가 사랑이라고 불러도 될까요?

540_ 인터뷰 후반부에는 '기왕에 하는 거 파워레즈물 찍고 싶었는데 좀 아쉽'이라는 얘기도 나오죠. 멜라니가 입은 드레스에 은유해서요.

541_ 이것으로 볼 때 큐커가 잘린 가장 큰 이유는 확실히 멜라니의 성적 지향이죠. 그게 아니었으면 드 하빌랜드가 감독이 바뀌고 굳이 폴라이트하고 프렌들리하게 연기할 필요도, 플레밍이 굳이 또 그걸 몰래 교정할 필요도, 그걸 갖고 플레밍에 대한 신뢰가 충만해질 이유도 없었겠죠.
즉 이성애 착즙러는 아무래도 셀즈닉. 그리고 배우들과 스탭들은 그에 은근슬쩍 반발하였다는 사실을 추론할 수 있겠어요.

542_ 물론 셀즈닉을 위한 변명도 있으니, 감독이야 영화에서 책임질 건 작품성과 명예밖에 없지만, 프로듀서에게는 돈이 걸린 문제니까요. 당대 기준으로 역대 최고의 제작비를 들이는데, 어떻게든 본전을 뽑아야 하지 않았겠어요! 결과는 본전을 넘어 너무 뽑아서 영화 역사상 최고 흥행작.

영화 <로빈 후드의 모험>에서의 올리비아 드 하빌랜드

🕊 543_ 멜라니의 역할도 스칼렛만큼은 아니지만, 많은 배우들이 그것을 놓고 치열하게 경쟁했죠. 하지만 올리비아 드 하빌랜드가 이미 부동의 1번으로 여겨졌는데, 어쩌면 저렇게 선량하고 상냥하고 또 아무것도 모를 것만 같은 얼굴일까요?

1990년대 경쟁사를 공격하는 상업 광고들

🕊 544_ 유일한 문제는 워너브라더스와의 전속계약이 었는데, 당시 할리우드에서는 이런 형태의 계약이 일반적으로, 배우와 영화사의 관계는 약간 지금의 한국 아이돌과 소속사 같은 느낌이었습니다. 자기 배우를 경쟁 영화에 순순히 출연시킬 사장은 물론 없죠.

🕊 545_ 그런데 드 하빌랜드가 워너 부인을 어떻게 만난 즉시 자기 편으로 끌어들였다고. 이 루트로 사장인 잭 워너를 설득해 가까스로 임대 성공. 그렇습니다, 이것 역시 **품성**.

🕊 546_ 워너의 표현에 따르면 '사슴 같은 눈빛'의 소유자인 올리비아 드 하빌랜드는 데뷔 이후 쭉 그런 역할만 맡아왔지요. 워너브라더스도 마찬가지여서, 임대 생활에서 돌아온 올리비아에게 착하고 상냥한 캐릭터만 시켰습니다.

🕊 547_ 그런데 알고 보니 이 인간은….

1996년 노동운동가 시절의 심상정

투쟁!

🕊 548_ 1943년의 캘리포니아는 전쟁에도 그럭저럭 평화로왔습니다. 일본 잠수함 하나가 포탄을 몇 발 쏘고 도망가거나 열기구를 일본기로 오인한다거나 하는 소동은 있었지만, 소등(일명 등화관제)으로 인한 사망자를 제외하면 – 교통사고로 3명, 심장마비로 2명 죽었다고 – 아무도 죽거나 다치지 않았습니다.

로스앤젤레스 전투

🕊 549_ 그렇게 아무 일도 없을 것 같았던 어느 날, 드 하빌랜드 vs 워너브라더스의 법정투쟁이 시작됐지요. 올리비아와 그 변호사들은 워너와의 근로계약 종료를 주장했고, 그들의 배후에는 아, 그 이름만으로도 끔찍하기 짝이 없는 노동조합이 있었습니다.

근로 계약

투쟁! 임금 보장

노동조합

투쟁

550_ 캘리포니아법에 따르면 배우 등 특수근로계약은 최장 7년까지. 그런데 이 규정은 노무를 실제 제공한 날만 계산하도록 해석됐고, 공백기가 있는 직업은 7년보다 훨씬 오랫동안 계약에 매여야 했죠. 배우들은 사실상 소속사에게 구속될 수밖에 없었답니다.

영화 <캡틴 블러드>

551_ 드 하빌랜드는 워너 브라더스와 7년이 지나고 더 이상 같이하고 싶지 않았는데, 일단 소속사가 시키는 배역들이 천편일률적이라 마음에 들지 않았죠. 워너는 올리비아에게 출연료를 또 남배우의 반의 반도 안 줬다고.

1940년의 올리비아 드 하빌랜드와 에럴 플린

552_ 올리비아: 자기는 한 달에 얼마 받아? 나는 이천쯤 받는데.
에럴: 음…, 1만 달러 약간 안 되게?
올리비아: 뭬야…!?

1949년의 오스카 시상식

553_ 1944년 캘리포니아 법정은 다음과 같이 판결했습니다. "계약기간으로 제한된 7년은 배우의 활동 여부와는 상관없는, 달력상의 7년이다." 이에 올리비아는 워너를 떠나 새로운 소속사에 들어갈 수 있었어요. 그리고 그 승리는 한 사람만의 것이 아니었죠.

🕊 **554_** 법 해석의 변경에 따라, 배우에 대한 소속사의 인신구속이 약해졌습니다. 배우들은 더 좋은 개런티를 받으며 자신이 원하는 배역을 선택할 자유를 얻게 되었습니다. 이 7년 제한법은 나중에 **드 하빌랜드 법**이라고 불리게 되죠.

영화 <To Each His Own>에서의 올리비아 드 하빌랜드
☞ 올리비아는 이 영화로 첫 아카데미 여우주연상을 수상했다.

🕊 **555_** 조금만 시선을 돌려보면, 우리는 역시 알아차리게 됩니다. 다른 나라, 다른 영역의 프리랜서들도 기업에 맞서 단결하여 그들의 권리를 쟁취했던 것입니다. 야구계에는 선수협이 있고, 축구계에는 일명 **보스만 룰**◆이 있죠.

장 마크 보스만 축구선수

◆ 계약이 끝난 선수는 자유롭게 팀을 옮길 수 있고, 외국인 쿼터제는 위법인 룰. 정작 보스만은 이 혜택을 받지 못함

556_ 한국 연예계에서도 비슷한 사례를 찾을 수 있죠. 한스밴드나 동방신기의 법정투쟁은 개인의 권리를 일정 부분 찾음과 동시에 다른 예술인들에게도 금전적인 이익은 물론 활동의 자유를 가져다주었죠.

한스밴드

557_ 드 하빌랜드의 승리는 개인의 것이었고, 연대하던 이들의 것이었고, 이에 (심지어 연대하지 않았던) 동업자들 모두 자유와 이익을 누릴 수 있게 되었으며, 관객들 또한 더 나은 영화를 보게 됐죠. 이 공리는 보편적(이라고 기대되는) 법의 언어로 뒷받침돼 오늘에 이르는 것. 실로 완벽하죠.

영화 <위 캔 두 잇!>
☞ 제2차세계대전 당시 여성 노동자를 테마로 제작된 선전 포스터로, 1980년대에 재발견되어 여성주의의 상징이 되었다. 일명 '리벳공 로지'.

558_ 오늘 한국에서 **진보운동가**로 자칭하는 어떤 분들은 이렇게 말하지만요 – 프리랜서는 노동자가 아니야! 그들에게 노동권은 없어! 그들은 기업과의 계약의 언어로만 말해야 돼! – 이런 자본주의의 어둠들로 인해 빛은 더 휘황한 것입니다.

이선옥 작가 (왼쪽)와 정혜연 정의당 전 부대표 (오른쪽)

559_ 드 하빌랜드 여사가 이렇게 공포의 노동전사가 된 중요한 계기가 바로 멜라니 역이었다고. 멜라니는 언뜻 드 하빌랜드가 맡아온 것처럼 청순가련 그 자체의 겉모양을 갖고 있고, 그래서 이렇게 드 하빌랜드로 캐스팅된 것이긴 하지만, 살펴본 대로 속은 매우 복잡한 캐릭터죠.

560_ 심지어 소설이나 영화를 직접 본 독자들조차 멜라니가 현모양처이며 가부장제의 수호신인 듯 생각하기 십상이지만, 알고 보니 이 사람은 레즈비언이었습니다. 아무것도 모르는 것 같지만 교활하기 짝이 없으며 순종적인 듯하지만 사실은 정치광인이죠.

어쩜 그렇게 거짓말을 잘해?

561_ 나는 복잡한 인물을 연기하고 싶었다. 예를 들면 멜라니 같은. 하지만 잭 워너는 나를 청순녀로만 보았다. 나는 좀더 깊이 있는 인간을 표현하려 안달하였다. 이것을 잭은 전혀 이해하지 않았고… 개성이나 자질이라곤 전혀 들어 있지 않은 역할만 내게 주었다. <올리비아 드 하빌랜드: 여성의 승리>, 빅토리아 아마도르

잭 워너,
워너브라더스
창립자

562_ 나중에 드 하빌랜드가 다 뒤집어 엎은 후, 잭 워너는 1939년의 드 하빌랜드를 이렇게 회상했습니다. "컴퓨터 같은 두뇌를 사슴 같은 눈으로 숨기고 있었다."
드 하빌랜드가 숨기고 있었다기보다는, 그냥 워너가 보려고 하지 않았던 것이겠죠.

563_ 뭐랄까, 너무 적임자가 캐스팅된 것인데요. 이렇게 멜라니를 연기하는 것은 좀 특이한 작업이 됩니다. 이야기 안에서 멜라니 본인 역시 멜라니 해밀턴 역을 연기하고 있거든요. 사회통념에 부합하는 착한 사람 말이죠.

> djuna @djuna01
> 드 하빌랜드가 연기하는 <바람과 함께 사라지다>의 멜라니는 (좋은) 연기 같은데, 폰테인이 연기하는 레베카의 '나'는 진짜 같아요.

564_ 뭐 사람들은 다들 그런 연극적인 구석이 있고, 특히 여성들에게 그 연극은 집요하게 요구돼왔죠. 흔히 감정노동이라고 하는 것도 그것의 일종일 것입니다. 많은 남성-예술가들은 그런 배역들 중 하나인 어머니를 찬양하며 오늘도 예술에는 처절하게 실패하고 있죠. 가부장제 수호에야 기여하지만.

565_ 가령 앞서 나왔던 장면 – 가족들이랑 싸우고 온 스칼렛이 병상에서 일어난 멜라니에게 "너 때문에 피곤해 죽겠어! 너 내 말 일부러 안 듣니? 너를 만나고서 되는 게 없어! 우리 가족들이랑 똑같아! 다 짜증 나!!!!!!!!!!!!!!!!!!!!!!!!!!!" 라고 화풀이할 때,

566_ "미안해 자기…."라고 말하며 돌아서면서도 멜라니가 스칼렛을 살짝 흘겨보는 순간이 있단 말이죠. 멜라니라는 캐릭터 안에서 **'기껏 생각해서 내려왔더니만 못된 기집애. 아휴, 속상해!!!'**라는 생각은 그 성깔상 존재할 수밖에 없지만, 그것은 말해져서는 안 되는 것입니다.

567_ 이렇게 멜라니가 최애와의 신혼 기분에 빠져 있을 동안

568_ 마에스트로 셔먼이 지휘하는, 7만 5천의 전례 없는 예술-집단이 대서양으로 전진하고 있었습니다.

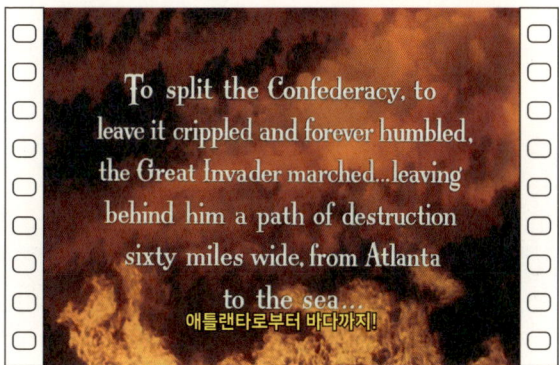

To split the Confederacy, to leave it crippled and forever humbled, the Great Invader marched...leaving behind him a path of destruction sixty miles wide, from Atlanta to the sea...
애틀랜타로부터 바다까지!

569_ 이 자유민주주의의 전도사들은 조지아주를 가로지르며 길이 너비 70km, 길이 480km의 거대한 폐허를 만들었죠.

'셔먼의 바다로의 행진' 작전 전개도

570_ 이 일명 **바다로의 진군**은 후일 하나의 회고적 예술작품을 낳았는데, 곧 **<조지아 행진곡>**이죠.

<바다로의 진군 (조지아 행진곡)>

> 옛 나팔로 우리 다시 노래 부르리 / 온 세계를 함께 묶을 정신 있으니 / 오민의 강병이 모두 함께 부르니 / 조지아를 행진하며 노래했네!◆
>
> (후렴구) 만세! 만세! 해방의 종소리/ 만세! 만세! 자유의 성조기 / 애틀랜타에서 바다까지 울려퍼지니/ 조지아를 행진하며 노래했네!

◆ Bring the good old bugle, boys, we'll sing another song / Sing it with a spirit that will start the world along / Sing it as we used to sing it, 50,000 strong / While we were marching through Georgia.

<셔먼의 바다로의 행진>

<조지아 행진곡>이지만 조지아 사람들은 대체로 매우 싫어하는 노래라고. 조지아를 박살냈다는 내용이니까요.

571_ 소설에서도 스칼렛이 극혐하는 노래로 등장하죠. 이 노래는 야구장 선수 등장곡처럼 셔먼이 가는 곳마다 연주되었다고 해요. 그에 대한 셔먼의 반응은…

아, 씨바! 작작 좀 틀어.

572_ <조지아 행진곡>은 한국인들에게도 각별한 의미가 있죠. 바로 독립군가의 선율이 됐거든요. 교회에 열심히 다니셨던 분들의 귀에도 익으실 텐데요. 찬송가로도 널리 불린 노래입니다. 이 당시 곡들은 군가로, 찬송가로, 민요로, 심지어는 동요로도 개사돼 불렸죠.

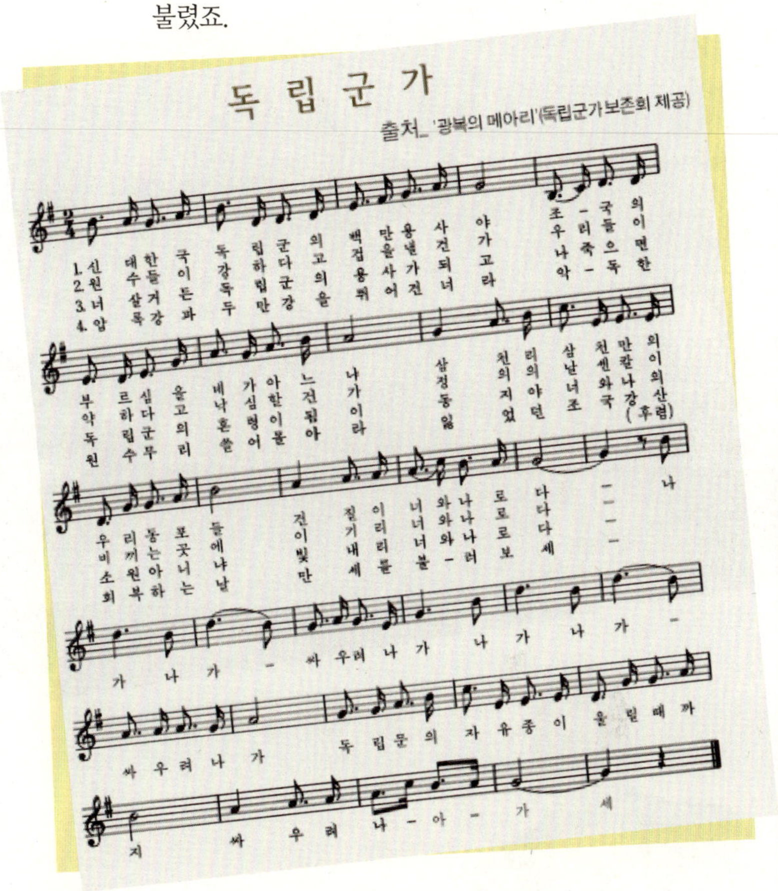

독립군가

출처_ '광복의 메아리'(독립군가보존회 제공)

<The Battle Hymn of the Republic>

<제1아칸소연대 행진곡>

573_ 물론 우리들에게 가장 친숙한 남북전쟁 가요는 이것일 겁니다. 자 모두 일어나서 찬송합시다. 영~광 영광 할렐루~야~.

574_ <제1아칸소연대 행진곡>으로 개사된 버전도 유명하죠. 이들은 흑인들로 구성된 북군 부대였습니다.

575_ 흑인인구는 남부가 압도적으로 많았지만, 남부연맹은 이들을 전투병력으로 쓰지 않으려 했죠. 주로 잡일만 시켰는데, 영화에서도 참호를 파기 위해 동원된 스칼렛네 집 노예들이 나옵니다.

576_ 여기서 빅 샘이라는 흥미로운… 캐릭터가 등장하죠. 샘! 샘! 빅 샘!

카니예 웨스트

577_ 전쟁 말기 남부는 답도 없는 인력부족 – 남부 인구는 800만 명 정도로 북부의 절반도 안 되었는데, 그중 350만 명이 흑인이었습니다 – 에 시달리게 되고, 대통령 제퍼슨 데이비스는 흑인들도 징집하려고 하죠. 그런데…

제퍼슨 데이비스
(왼쪽)과 하월 콥
(오른쪽)

578_ 제퍼슨 데이비스: 이제부터 흑인들도 전투병력으로 쓴다. 안 그럼 저쪽 물량 못 막아.
하월 콥: 야, 만약에 흑인들이 잘 싸우면 어떡해, 안돼.
제퍼슨 데이비스: 뭐?? ?? 잘 싸우면 좋잖아?
하월 콥: 그럼 흑인들이 안 열등한 게 되잖아…. 그럼 노예제도를 사수하자고 전쟁을 하는 우리는 뭐가 돼….

579_ 그럼에도 데이비스는 끝끝내 흑인징집법을 통과시켰지만, 시행되기 전에 남부의 수도인 리치먼드가 함락되었고, 데이비스는 체포되었습니다.

<체포되는
제퍼슨 데이비스>

580_ 폐허가 된 리치먼드 시가지를 거닐던 링컨에게, 해방된 흑인들이 달려와서 "그대야말로 우리의 아브라함이오."라고 외쳤다고 하죠. 남북전쟁에서 가장 감동적인 일화가 아닐까 싶습니다.

<링컨에 환호하는 흑인들>

581_ 그리고 며칠 후 남군 총사령관 리가 잔존 병력을 이끌고 그랜트에게 항복, 전쟁이 끝났습니다.

리가 항복했어!

582_ 소설에서 멜라니는 패전소식을 듣고 눈물을 흘립니다. 스칼렛의 두 동생들과 집으로 들어가 같이 울고 있죠.

셔먼의 조지아 행진

미쳐버린 윌리엄 T. 셔먼 장군 GENERAL WILLIAM T. SHERMAN INSANE
_《신시내티 데일리 커머셜》지의 헤드라인

<바람과 함께 사라지다>의 바람이 바로 셔먼이 일으키는 바람이 아니겠어요. 셔먼은 단 한 순간도 독자나 관객 앞에 등장하지 않지만, 세계의 급격하면서도 총체적인 변화를 이끌어내고 있지요. 마치 그리스 연극의 신들처럼요.

윌리엄 테쿰세 셔먼(1820-1891)은 이름부터 심상치 않죠. 셔먼의 아버지는 미국에 맞서 전쟁을 지휘했던 스와니족의 위대한 추장, '테쿰세'에게 꽂혀 있었답니다. 글쎄, 한국인이 "거란족 진짜 오졌지!"라며 애 이름을 소손녕으로 하는 셈일까요. 애칭은 '쿰 Cump'.

사관생도 시절 빨간 머리의 불량한 우등생이었던 셔먼에게 남북전쟁은 기회를 부여했죠. 그런데 별을 달고 나서 셔먼은 갑자기 공황 증세를 일으켰어요. 증상은 곧 회복됐지만, 신문에서 붙인 미치광이 셔먼이라는 타이틀은 오랫동안 셔먼에게 붙어다니게 되죠. 계속 어딘가 미쳐 있는 것 같았거든요. 셔먼은 성격이 매우 괴팍했고 감정 기복이 심했어요. 특히 기자들을 못살게 굴기로 유명했는데, 한번은 대략 이런 공고를 낸 적도 있다네요.

- 민간인 출입 금지
- 출입하는 민간인은 무급 노역자로 간주
- 기자는 간첩으로 간주

    그이가 기자들에게 붙여준 애칭으로는 '지옥급의 오류', '비굴한 아첨꾼들', '젠장할 잡종견들', '뒤에서만 꽥꽥대는 악당 놈들' 따위가 있죠. 보시다시피 셔먼은 이상 성격과 함께 탁월한 언어적 능력도 갖추고 있었어요. 그리고 군인으로서의 능력은 더 뛰어났죠. 셔먼은 멜라니의 고향, 애틀랜타를 점령해 링컨의 재선에 결정적으로 기여했어요. 그리고 그이는 역사에 남을 위대한 전진을 계획하죠.

    셔먼은 남부가 전쟁을 지속할 수 있는 핵심이 조지아의 민간 시설들에 있다고 보았고, 그것들을 박살낼 생각이었어요. 워싱턴에서는 우려가 높았으나, 셔먼은 다음과 같은 전보를 본부에 보내고 전신선을 끊었답니다: 나는 조지아를 울부짖게 만들 것이오.

    그 어떤 남부인도 셔먼을 막지 못했고, 조지아는 완전히 분해돼버렸습니다. 이 결과 남부 민간인들은 심각한 굶주림에 빠졌어요. 그러니 남부 군대까지 들어갈 물자가 남아 있었을 턱이 없나요. 셔먼이 대서양 연안을 지나 사우스캐롤라이나까지 초토화시킬 무렵, 남군의 전방 부대들은 사실상 무너진 상태였습니다.

    셔먼은 전쟁 후 육군 총사령관으로 재직(1869-1883)하며 서부에서 인디언들을 악랄하게 탄압했습니다. 셔먼은 60살이 되던 해, 사람들 앞에서 이렇게 말했습니다. "제군들은 대개 전쟁 하면 영광 같은 게 막 들어 있나 싶을 거다. 하지만 아그들아, 전쟁은 완전 지옥이야."

6

Again, Gone with the Wind

총성이 멈추고 멜라니 해밀톤의 옛 여인이 나타나다

583_ 영화에서는 종전소식에 멜라니가 이런 반응을 보이죠. 그럴 리가 없잖아요. 이 사람은 호전적인 내셔널리스트라고요.

애슐리가 돌아오겠구나!

584_

애국자의 표정 　　　노관심의 표정

585_ 히틀러가 전쟁이 끝날 때에도 이런 표정을 지었겠습니까? 그럴 리 없지요.

전쟁 개시에 환호하는 히틀러

586_ 영화의 멜라니는 이성애 착즙 때문에 잠깐 이상해진 것입니다. 또 어쩌면… 소설의 첨예한 정치성을 영화가 피하려고 해서일 수도 있겠죠. 영화는 시종일관 그런 태도를 취하고 있습니다. 앞서 멜라니의 난폭한 발언—방위들 목숨 따위 알 게 뭐야? 다 최전선을 보내야—들도 영화에서는 안 나왔죠.

587_ 며칠 후 타라 여인들은 모처럼 이웃에 마실을 나가죠. 이웃집들 역시 타라와 마찬가지로, 흑인들은 떠나버리고 농장과 집은 엉망이 됐으며, 남자들은 대부분 전사했고, 여인들만 남은 상태. 돌아오는 길에 스칼렛은 일행들에게 이야기하죠.

588_ 스칼렛: 아, 쓸 만한 남자도 없고 참 쓸쓸하네, 그쟈?
멜라니: 그러네. 인력들을 다 소모했는데 이걸 어쩌지?
수엘렌: 내 애인이 군화를 거꾸로 신으면 어떡해. 흑흑!
스칼렛: 시끄러!
멜라니: 역시 아이를 많이 낳아야 해! 다시 뽑으면 되지!
커린: 죽은 사람을 어떻게 대신해?

589_ 위 마지막 부분은 소설에서 다음과 같습니다.
멜라니: "스칼렛, 어린 남자애들을 가진 우리 모두는 반드시 그들을 남자로 키워 내야 해, 죽은 남자들의 자리를 대신할 수 있도록, 그들같이 용감한 남자로."
"그들 같은 남자는 절대 다시 없어."
커린이 차분히 말했다.
"누구도 그들을 대신할 수 없으니까."

590_ 멜라니의 저 발언은 인력을 모아 또 링컨에게 맞서겠다는 이야기입니다. 참혹한 패전에 눈물을 흘리면서도, 멜라니의 근성은 조금도 꺾이지 않았죠. 무서운 사람… 그런 국가주의적 광기가 모성애라는 **품성**으로 포장된 점이 더 무섭죠.

591_ 미첼은 멜라니의 "여자는 애 낳고 키워야!"를 가부장제적 발언으로 생각하도록 유도해요. 하지만 그것의 정체는 사실 국가주의. 한국인들은 인구론적 목적을 위해 여성의 신체를 수단으로 삼는 이런 사고에 이미 익숙하지요.

한국의 시대별 가족계획 포스터

1970년대

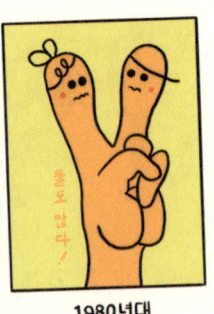
1980년대

2014 인구보건복지협

592_ 멜라니의 날카로운 소망을 알아챈 사람은 세 자매 중 커린뿐이죠. 그런데 커린의 앞서 대사도 단지 죽은 자기 애인 이야기처럼 들립니다. 역시 미첼이 그렇게 유도하고 있죠! 하지만 커린은 신실한 기독교인. 그 기독교적 관점에서 커린은 멜라니의 국가주의적 태도를 비판하고 있어요.

593_ 멜라니의 국가주의는 인민을 정치적 목적을 달성하기 위한 수단으로 생각합니다. 수단이 되는 개인의 삶은 정치에 휩쓸려버리죠. 하지만 커린은 그 휩쓸리는 개인을 주목합니다. 커린은 얼마 지나 수녀원에 가지만, 사람이 수단됨이라는 이 문제는 나중에 다시 돌아오죠.

594_ 결국 여자들 넷이 죄다 딴소리를 하고 있는 것인데요. 특히 스칼렛과 멜라니는 철저하게 자기 이야기만 하고 있죠. 하기야 다른 장면들도 그런데, 스칼렛은 멜라니가 뭐라고 하는지 이해하지 못하고, 멜라니는 스칼렛의 말을 받아서 자기 본위로 왜곡하곤 합니다. 이렇게 안 통하는 커플이 있나 싶지만,

오, 스칼렛! 너는 너무 상냥해
날 위해 애슐리 걱정을 해주다니

595_ 애틀랜타의 자선무도회 장면에서 스칼렛의 이성애와 멜라니의 애국심이 결국 **링컨**으로 귀결되는 것처럼, 둘의 이야기는 마침내 톱니바퀴처럼 맞아떨어지게 되죠. 이것이 운명이라는 것입니다?

596_ 여튼 평화가 찾아오고 그리 오래 지나지 않은 어느 날, 동네 친구인 캐슬린 캘버트가 노새를 타고 멜라니와 스칼렛에게로 찾아옵니다.

🪶 597_ 캐슬린 캘버트라고? 그런 캐릭터도 있었나? 싶겠지만 조연으로서 빠질 수 없는 역할을 담당하고 있죠. 작품 초반 파티장에서 스칼렛과 계단을 오르며, 레트 버틀러에 대한 신상정보를 투하하는 바로 그 친구입니다.

이런. 너 모르니?
레트 버틀러, 찰스턴 사람인데

🪶 598_ 레트에 대해 말하는 걸 보면 캐슬린은 오직 팩트로만 승부하는 잡상식인인데, 사람들은 이상하게도 캐슬린을 세상 물정 모르는 바보로 알고 있죠. 그리고 캐슬린은 여성혐오자인 스칼렛과도 이상하게 친하게 지내고 있었어요.

웨스트포인트에서는 바로 퇴학당했고….

599_ 스칼렛은 '바보라서 그런가…?' 이상의 반응을 보이지 않죠. 스칼렛은 뭐 늘 그러든가 말든가입니다. 어쨌든 캐슬린은 소설의 설명에 따르면 그 지역에서 스칼렛 다음 가는 미인으로, 역시 노예농장주의 딸. 부잣집 아가씨죠.

600_ 그런데 이 부잣집 아가씨가 집안이 망해서 (재산은 분해되고 집안의 남자들은 다 죽고 계모는 고향으로 돌아갔습니다.) 어쩔 수 없이 자기 집 노예감독관이었던 남자와 결혼을 하게 된 것입니다. 앞서 잠깐 언급했지만, 노예감독관들은 문제가 있는 직업이죠.

아니. 그래도 걔는 망했지, 뭐!

601_ 흑인들은 본래 자유롭게 태어난 인간들입니다. 그런 그들을 노예로 만들어놨으니, 정도의 차이는 있겠지만 다들 프리시처럼 태업을 하기 마련이죠. 하지만 노예는 **물건**이기에 건강해야 하고, 물건이기에 금전적인 대우를 해줄 수가 없습니다. 그리고 물건에게는 명예도 없죠.

<노예에 대한 채찍질>

FLOGGING A SLAVE FASTENED TO THE GROUND.

602_ 노예농장이 흑인을 통제하는 유일한 수단은 결국 학대였습니다. 사람은 적어도 단기적으로는 학대자에게 복종하곤 하니까요. 그런데 주인이 직접 학대하는 건 아니죠. 한국군도 그렇잖아요? 병장이나 대대장이 내무 부조리를 저지르진 않아요. 학대자가 되는 건 중간 레벨, 이를테면 상병이나 중사죠.

> 하인들에게는 단호한 동시에 온유해야 한다.

603_ 당시 노예감독관들은 노예들을 매일 고문하는 게 일이었습니다. 그런데 이런 학대는 습관이 되고, 결국 멀쩡했던 사람도 완전히 이상하게 만들어버리죠. 안 그렇게 되는 사람도 있겠지만, 소수일 따름이겠어요.

604_ 이렇게 우리는 노예감독관들의 운명이 될 성격이상에 대해 농장주들을 우선 규탄해야겠지만, 캐슬린의 입장에서 이 성격은 현실적인 문제가 됩니다. 부잣집 아가씨가 밑의 급과 결혼한다는 점은 그에 비하면 아주 사소한 문제죠.

이제 숙녀건 손이건 아무 소용없게 돼버렸나 봐

605_ 물론 스칼렛은 문제의 이면을 굳이 보려 하지 않고, 소설 역시 스칼렛의 눈높이에 맞춰 '뭐 남자가 정말 없으면 굳이 그렇게라도 결혼해야' 하고 독자들이 언뜻 생각하게 만들죠. 하지만 멜라니는 깊이를 만들어내죠. 더 깊게, 더 깊게!

홀로 쓸쓸히 낯선 장소에 있어.

606_ 소설의 단락을 봅시다.
"스칼렛은 단지 (결혼 소식에) '오!'라고 말할 수밖에 없었다. 그런데 캐슬린이 돌연 멜라니를 아래로 노려보더니, 낮고 사나운 목소리로 말하는 것이었다. '네가 울면, 멜리, 난 참을 수 없어. 죽어버릴 거야!'"

607_ "멜라니는 아무 말도 없이, 등자에 걸린, 조잡한 수제 신 안의 발을 어루만질 뿐이었다. 머리를 푹 숙인 채로. '만지지도 마! 그것도 못 참아.' 멜라니는 손을 내리고 여전히 올려보지 않았다."

🕊 608_ 캐슬린은 왜 멜라니가 발을 만지는 걸 못 참겠다고 할까요? 첫째, 그곳이 민감한 부위이고, 둘째, 캐슬린과 단둘이 있을 때 멜라니가 습관적으로 그런 행동을 했기 때문이겠죠. 아니나 다를까 이 비슷한 대목이 또 영화 <아가씨>에 있지 않겠어요.

영화 <아가씨>
☞ 히데코에게 발 마사지를 하는 숙희의 모습.

🕊 609_ 잠시 후 캐슬린은 가야겠다고 이야기합니다. "멜라니가 고개를 들어 캐슬린의 모진 눈과 마주했다. 멜라니의 눈썹에 선명하게 눈물이 어렸다. 멜라니의 눈은 알고 있었다. 그리고 그것을 앞에 둔 캐슬린의 일그러진 입술은 울지 않으려는 용감한 아이의 웃음을 지었다."

🕊 610_ 그걸 보며 스칼렛은 저렇게 잘나가던 애가 감독관이랑 결혼하다니 딱하다고나 생각하는데요. "캐슬린이 허리를 굽히고, 멜라니는 발을 들었다. 그들은 **키스**했다. 그리고 캐슬린은 고삐를 날카롭게…" 아니, 저기 잠깐만요?

🕊611_ 물론 온갖 분위기란 분위기는 다 잡으면서 둘이 키스를 했다고 반드시 서로 사귀는 사이였다는 그런 단정은 할 수 없습니다. 그냥 영국인들이 흔히 하는 것처럼 볼만 대고 뽀! 하는 일명 소셜 키스를 했을 수도 있죠.

🕊612_ 그리고 여성들끼리는 아무래도 동성 간의 스킨십에 관대하니 말이죠. 이를테면 팔짱을 낀다거나.

내 속옷 안이 어떻게 생겼는지 알기라도 하는 눈빛이야

🕊613_ 여기서 권위자들의 의견을 들어봐야겠습니다. 앞서 살펴보았듯이 영화에서 멜라니와 관련해 원작에 없는 이성애 착즙이 나오면, 그것은 제작자들이 느끼는, 일종의 불안감의 표현입니다. 가령 찰스의 칼을 보고 느끼는 불안감,

애슐리의 사진과 찰스의 칼 가져가고 싶어 하는 거야.

614_ 애슐리에게의 적개심을 놓고 보이는 불안감.

615_ "결혼 따위 알 게 뭐람?"에서 느끼는 불안감이라고 볼 수 있죠.

616_ 그리고 이 장면도 소설에는 전혀 없는 영화의 장면이란 말이죠. 그런데 캐슬린×멜라니의 키스와 완전히 똑같죠. 영화에서는 없는 그 동성키스 장면과요. 결론은 무엇입니까?

617_ 적어도 이 양반들은 캐슬린×멜라니를 보고 '했네, 했어. 100%임'이라고 판단했다는 것입니다.

데이비드 셀즈닉
(왼쪽)과
시드니 하워드
(오른쪽)

618_ 떠나는 캐슬린을 바라보며 멜라니는 눈물을 펑펑 쏟습니다. 그런 멜라니를 보는 스칼렛의 반응은 '왜 얘는 이렇게까지 자비심을 발휘하지???' 그리고 스칼렛의 의식의 흐름을 따라가는 독자는, 이내 키스신이 있었다는 사실조차 망각하게 되죠.

619_ 스칼렛은 자기가 상황을 다 이해한다고 생각하며 멜라니에게 말을 걸지만, 둘의 대화는 묘하게 비껴나가죠.
스칼렛: 멜리, 쟤 미친 걸까? 너도 알겠다시피 그 남자랑 사랑에 빠졌을 리도 없고.
멜라니: 사랑에? 오, 스칼렛, 그런 끔찍한 말은 꺼내지도 마! 오, 불쌍한 캐슬린! 불쌍한 케이드!

620_ 케이드는 캐슬린의 남자 형제인데, 부상으로 죽어가고 있죠. 멜라니의 말을 들어보면, 이 남매와 멜라니 셋에서 그들만의 어떤 공감대가 있는 것입니다. 뭔진 불명이지만. 여담이지만 케이드는 영화에서 엑스트라급으로 등장하는데, 저 왼편 뒤쪽에 남자 둘 중 오른쪽. 스칼렛의 드립에도 웃지 않죠!

거기선 옆에 두 명밖에 못 앉아 있을 테니까.

621_ 멜라니의 말에 스칼렛조차 뭔가 이상한 낌새는 눈치채지만, "멜라니가 늘 자신보다 돌아가는 상황들을 더 잘 알고 있는 것만 같아, 스칼렛은 약이 올랐다." 이 상황에서 여자가 결혼을 안 하면 대체 어쩌자는 것이냐는 생각 이상으로 넘어가지 못하죠.

622_ 스칼렛: 얘, 내가 전에도 얘기한 것 같지만, 정 결혼할 사람이 마땅찮더라도 여자들은 누구하고든 결혼해야 하는 거야.
'너는… 아직 세상의 이치를 모르는구나!'스러운 말투가 살짝 웃기죠. 멜라니보다 나이도 한 살 어리면서.

너는 결혼이 무엇을 의미하는지 몰라.

트리니티 테스트 ☞ 1945년 7월 16일 실시한 사상 최초의 핵실험이다.

623_ 멜라니: 결혼할 필요 없어! 독신녀가 되는 건 하나도 부끄러운 일이 아니야. 피티 고모를 봐. 아아, 차라리 캐서린이 죽는 게 낫겠어! 케이드도 똑같은 생각일 거야. 이럼 캘버트네는 끝장이야. 생각해 봐, 캐슬린의… 아니 그들의 아이가 무엇이 될지.

그리스 채색 토기에 그려진 아마조네스

624_ 멜라니: 오, 스칼렛, 포크에게 안장을 준비시켜서, 네가 뒤쫓아 가서, 그래서 캐슬린한테 우리랑 같이 살자고 그러자!
멜라니의 본심이 나왔죠. 그에 따르면 여성은, 적어도 어떤 여성들은 결혼을 할 필요도 굳이 아이를 가질 필요도 없습니다. 대안은 여자들끼리 같이 사는 것이고요.

625_ 물론 멜라니는 스칼렛과 내심 결혼하고 싶어 하고 둘만의 아이를 가졌으면 하고(만약 딸아이면 자기처럼 길러줘.) 생각합니다만, 스칼렛이 이성애자라는 문제는 둘째 치고라도, 1865년의 시점에서는 너무 먼 미래 얘기죠.

스칼렛! 어제 우리 결혼식에서 나는 너를 생각했어.

내 아이를 맡아줄래?

626_ 하지만 취미가 연애고 특기가 결혼인 골수 헤테로 스칼렛에게 멜라니가 제시하는 대안공동체란 영 마음에 안 드는 것. 비협조적으로 반응하며 스칼렛은 말합니다.
스칼렛: 저렇게 자존심이 센 애가 우리한테 얹혀살려고 그러겠니?

627_ 스칼렛은 별 생각 없이 던진 '자존심She's so proud'이었겠지만, 멜라니는 의외로 수긍해버리죠. 그리고 심란한 표정으로 멀어지는 먼지구름을 바라봅니다. 뭔가 정곡을 찌르는 과거가 있었던 것이죠. 이것으로,

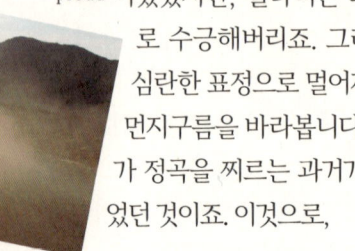

628_ 캐슬린×멜라니 커플이 전에 왜 깨졌는지 – 물론 멜라니 입장에서 – 어렵지 않게 추측해볼 수 있죠.

멜라니: 너는 매사에 독단적이야! 항상 네 말만 옳니? 네 자존심이 그렇게 중요해?

캐슬린: 그래! 중요하다, 왜 어쩔래, 뭐!

629_

이렇게 멜라니의 레즈공화국 건설계획은 물거품이 됐습니다.

뭔가 2세대 래디컬 페미니스트 느낌의 비혼공동체 구상이죠. 그런데 멜라니의 이 여성관은 예전에 내보였던 다른 여성관과 정면충돌하지요. 이웃에 마실을 다녀오는 길에 주장했던, 저 국가주의적 여성관과요.

630_ 그때의 멜라니는 아들을 많이 낳아 기르는 것이 여성의 책무라고 말했죠. 그런데 며칠 지나서는 여성은 뭘 낳을 필요도 없다고 말하는 것입니다. 멜라니의 진짜 속마음은 둘 중 무엇일까요? 정답은 둘 다입니다. 즉 멜라니는 내적 갈등이 있는 캐릭터죠.

631_ 그런데 멜라니의 이런 갈등은 겉으로 드러나지 않지요. 애초에 갈등의 두 축인 레즈비어니즘적 가족관과 국가주의적 가족관 자체부터 안 드러나잖아요? 당장 대중적으로 잘 먹힐 만한 기독교적 자비심이나 가부장제적 모성 같은 **품성**들로 그것들은 교묘하게 위장돼 있지요.

요한 반 메이런의 그림을 보는 사람들

632_ 여담이지만 '울지 않으려는 용감한 아이의 표정'이란 표현으로 눈치채시겠다시피 캐슬린은 노골적인 톰보이 컨셉이죠. 미첼이 젊었을 때의 자신의 기억을 되살려 만든 캐릭터가 아닌가도 싶고요. 사진에서 보시다시피.

1910년경 어린 시절의 미첼

📨 633_ 그리고 이 에피소드로 미루어 멜라니가 얼굴을 심히 밝힌다는 사실을 알 수 있습니다. (카운티에서 두 번째 미인 – 최고 미인)

네 동생, 뿔이 잔뜩 났잖아. 걔 애인을 건드렸구나?

📨 634_ 스칼렛이 캐슬린과 같이 살기 싫어한 가장 큰 이유는 경제적인 문제였는데요. 귀하게만 자란 캐슬린에게 일을 시켜봤자 밥값조차 못할 거라는 사실 하나는 스칼렛이 기가 막히게 간파했던 거죠.

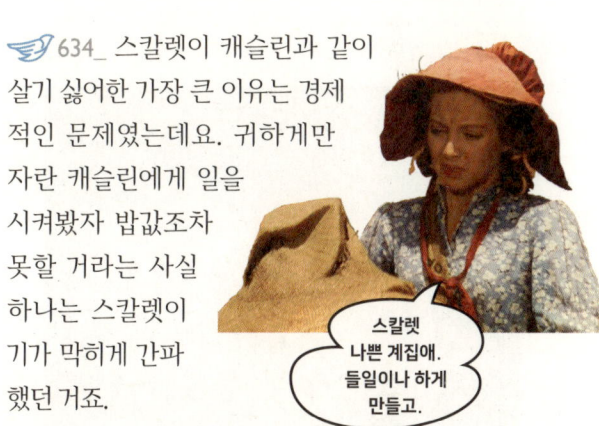

스칼렛 나쁜 계집애. 들일이나 하게 만들고.

📨 635_ 아닌 게 아니라 동생들은 물론, 다른 부잣집 아가씨 멜라니도 밥값을 제대로 못하고 있거든요.

"멜라니는 깔끔하고 신속하며 의욕적으로 한 시간 동안 땡볕 아래서 목화를 땄다. 그리고 말없이 쓰러진 다음 일주일을 침대에서 보냈다."

그렇습니다 노가다를 처음 뛰면 파스값도 안 나오는 것으로….

소련의 노동적기훈장
☞ 뛰어난 공적을 세운 노동자에게 수여됐다.

🕊 636_ 하기야 농활 나온 도시 촌것들이 다 그렇죠 뭐. 하지만 멜라니는 누구보다 열심히 농장일을 합니다. 그 결과 나중에는 지역민으로부터 양계에 재능이 있다는 평가까지 받게 되죠. 열심히 한다는 것은 품성인으로서 무엇보다 중요한 것입니다.

🕊 637_ 하지만 멜라니 동지가 가장 열심히 하는 사업은 뭐니 뭐니 해도 총화가 아니겠어요. 자고로 총화사업이란 개강총회 회식 뒷풀이 자리에서 후배들에게 밥을 사주는 것부터….

🕊 638_ 밥 잘 사주는 예쁜 (찐)누나 멜라니 해밀턴.

🕊 639_

640_ 야… 양키들 때문?

641_

그렇지!!!!!!!!

642_ 양키 고 홈!!!!!!! 양키 고 홈!!!!!!!

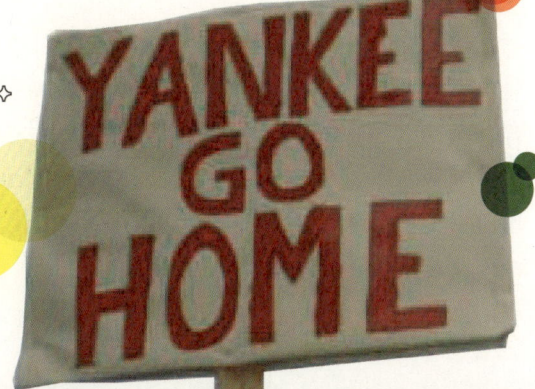

643_ 전쟁 첫해, 이런 일이 있었습니다.

프리몬트: 미주리가 자유의 품으로 들어왔군! 역적들의 재산을 몰수하고 노예를 해방….

링컨: 미친놈아! 뭔 노예해방을 해! 하지 마.

프리몬트: 벌써 했는데.

링컨: 너 해임! 국민 여러분, 합중국은 절대 무단으로 노예해방하지 않습니다. 정부는 재산권을 무엇보다….

존 프리몬트(왼쪽)와 링컨(오른쪽)

644_ 그리고 2년 후

매클렐런: 드디어… 리를 이겼어!

링컨: 이게 이긴 거냐? 이긴 거냐고?

매클렐런: 에이, 무리하지 않는 편이 낫지.

링컨: 시끄러, 너도 해임! …뭐 좋아. 기왕 이긴 거 완승했다고 치고, 이 기회에 숨겨왔던 나의 노예해방선언을 발표해야지! 아, 미주리 등은 예외입니다. 안심하세요.

조지 매클렐런 미합중국 군인

645_ 당시 노예제를 옹호했지만, 링컨의 회유(와 협박)에 넘어가 연방에 남은 주들이 미주리 등 넷 있었습니다. 일명 **경계주**. 링컨의 이 수작이 먹힌 시점에서, 전쟁은 북부가 이겨놓고 시작한 셈. 링컨에겐 당장의 노예해방보다 경계주(+남부의 연방주의자)들을 자극하지 않는 게 우선이었죠.

북부(파랑)와 남부(회색) 사이의 경계주(붉은색)
☞ 지도는 1963년 이후.

🕊 646_ 하지만 전쟁이 막바지에 다다르자,

셔먼: 크크크, 애틀랜타가 불타고 있잖아. 너무 멋져….

링컨: 오예, 이제 아무도 날 막을 수 없으셈. 헌법도 개정해야지! 여러분, **어차피 대세는 노예해방**.

민주당: 그렇게 다 해먹으니 시원하냐?

링컨: 응, 너무 좋음. 차별금지법도 만들 거야.

노예해방선언문

🕊 647_ 링컨은 거대한 야망을 가진 정치인이었고 목적을 달성하는 데 수단을 가리지 않는 냉혈한이었지만, 그 구체적 방법을 선정할 때는 대단히 신중했습니다. 살살 눈치를 보다 될 것 같은 일부터 약삭빠르게 처리했죠. 그리고 그 **각**을 보는 링컨의 능력은 매우 탁월했습니다.

648_ '링컨은 노예해방을 사실 지지하지 않았다! 증거 봐라!'는 썰들이 심심하면 나오는 것도 이 때문이 죠. 링컨은 당장 정치적으로 불리하겠다 싶으면 언뜻 양심에 거리끼는 말도 서슴없이 했거든요.

649_ 여담이지만 노무현 전 대통령이 링컨의 열성팬으로 유명했는데요. 어느 정도냐 하면 직접 쓴 링컨 전기까지 있습니다. 그래서일까 노무현은 링컨과 비슷한 면이 제법 있었지만, 앞서 말한 **각**을 보는 정치적 센스만큼은 링컨에 비해 다소 부족하지 않았나 싶죠.

650_ 그런데 전쟁이 끝나고 며칠 지나지 않아 이 링컨은 암살당하죠. 공화당은 이후 '될 것 같은 일부터 하기'보다, '안 되면 되게 하라'에 가까운 사람들이 주도하게 됩니다. 이들을 래디컬 리퍼블리컨Radical Republican, 공화당 급진파라고 부릅니다.

〈링컨의 암살〉

🪽651_ 방금 등장한 미주리 군정관이었던 프리몬트도 대표적 공화당 급진파들 중 하나입니다.

🪽652_ 공화당 급진파들은 흔히 말하는 **자유민주주의** 스타일로 남부를 신속히 개조하려고 했지요. 남부 사회는 신분과 관습 대신 자본주의에 따라 돌아가고, 노예였던 흑인들은 공화국의 시민이자 산업의 역군으로 성장해야 할 것이었습니다.

<공화당 급진파의 앤드루 잭슨 탄핵>

랄프 노덤 미국 정치가

🪽653_ 이런 자유민주주의의 물결에 남부 백인들은 전쟁 후에도 반발하고 있었습니다. 앞서 멜라니와 스칼렛의 무릎 베개 장면에서 아주 반윤리적인 농담이 있다고 잠깐 이야기했죠. 그 반윤리적 농담이란…

654_ 집에 난 불을 막 진화한 멜라니와 스칼렛은 서로의 검댕 묻은 얼굴을 마주합니다. 스칼렛이 말하지요.
스칼렛: 너 깜둥이Nigger 같아.

멜라니: 너는 민스트럴쇼의 광대End Man 같구나.

니거는 둘째 치고, 민스트럴쇼란 또 무엇인가요? 장면들이 매우 혐오스럽기 때문에 살짝 덜 혐오스러운 다른 자료사진으로 대체하겠습니다.

장동민의 깊은 탄식 "발전하는 세상, 코미디만 역행"

655_ 민스트럴쇼는 19세기부터 유행하기 시작한 미국의 슬랩스틱 코미디를 말합니다. 멜라니의 말에서 유추할 수 있듯이, 백인 광대들이 얼굴에 검은 칠을 하고 흑인을 연기했죠. 그 흑인들은 열등한 존재들입니다. 동작이 어색하고, 사리분별을 못하는 데다, 엉터리 영어를 쓰며, 짐승 같은 행동을 하곤 하죠.

'마마무의 흑인분장, 왜 안 된다는 걸까?'

656_ 즉 민스트럴쇼는 일종의 인종주의적 프로파간다의 역할을 수행했습니다. **흑인들은 열등하다**는 백인들의 선입견을 강화하고 심지어 자체생산하면서, 백인들이 흑인들을 조롱하고 증오하고 억압하고, 때로는 처벌하는 행위를 정당화시켰던 것이죠.

657_ 본래 희극의 대상은 관객들 자신이어야 합니다. 그것은 우리 자신의 어리석음을 자각하기 위한 장르니까요. 가령 고대 그리스의 아리스토파네스의 희극은 온갖 불결하고 PC하지 못한 막말들로 넘쳐나지만, 놀림의 대상은 어디까지나 성인이고 남성인 아테네인들이죠.

아리스토파네스
☞ 일명 '희극의 아버지'로 불린다.

고대 그리스
희극배우

658_ 반면 아리스토파네스의 노예들, 여성들이나 심지어는 스파르타인들마저 그와 대비되는 영민함을 갖추고 있죠. 그런데 민스트럴쇼처럼, 또 오늘날의 장동민이나 김희철 같은 이들처럼, 우리 아닌 타자에 대한 조롱을 기획한다면, 희극은 그 목적을 상실하고, 증오선동으로 퇴행하게 되죠!

659_ 희극의 탈을 쓴 증오선동의 대표주자라고 할 수 있는 장동민 씨는 심지어 다음과 같이 인터뷰한 적도 있는데, 사회의 다른 분야처럼(?) 코미디 역시 약자를 자유롭게 비하하고 공격하는 방향으로 나아가야 한다는 것입니다. 반윤리적인 것은 둘째 치고 반역사적인 발언이죠.

오늘의 유머

660_ <바람과 함께 사라지다>를 읽어보면 패전한 남부 백인들이 이런 **민스트럴쇼**적인 가상 – 세계에서 살고 있다는 점을 발견하게 됩니다. 나무위키를 진리로 믿고 있는 (물론 성차별적인 부분에서만!) 남초 사이트 유저들처럼 말이죠.

661_ 전쟁 후에도 남부 백인들은 "**흑인들은 열등해! → 백인의 흑인지배는 정당해!**"라는 자기최면에 열심이었죠. 그래서 흑인에게 강제노동을 시키거나 체벌을 가해도 된다는, 노예제도의 눈 밑에 점만 찍은 법들을 찍어냈어요. 이런 짓들은… **공화당 급진파**의 힘을 더 키워줬죠.

드라마 <아내의 유혹>

289

박정희 전 대통령
(당시 국가재건
최고회의 의장)

662_ 링컨은 원래 남부 유권자의 10%만 준법서약서를 쓰면 OK라는, 온건한 입장을 남기고 죽었답니다. 하지만 공화당의 강경파는 저대로 남부를 놔둬서는 답도 없겠다는 결론에 이르렀고… 결국 남부에서는, 멜라니가 사는 조지아주 역시 공화당의 **군정**이 시작됐습니다.

663_ 여담이지만 한국에서도 역시 공화당이 산업자본을 대표하는 혁신정당이고, 민주당이 농업지주들을 대표하는 수꼴정당이었죠. 그런데 한국에서는 민주당이 친인권적인 방향으로 나가게 된 건 글쎄, 링컨과 박정희의 차이일까요.

1960년대
박정희 전 대통령
(당시 민주공화당
총재)와
김대중 전 대통령
(당시 민주당 의원)
(왼쪽부터)

664_ 아니나 다를까, 미국 남부의 민주당 지지자들 역시 호헌철폐 독재타도를 외쳤습니다. 그런데 그들이 반대하던 헌법 조문은, 대통령 간선제가 아니라, 흑인들도 **사람**이며 시민권이 있다는 조항들이었어요. 곧 합중국 수정헌법 13조, 14조, 15조죠. 대체 이 남부 꼴통들을 어쩌면 좋나요.

수정헌법 13조

665__ 스칼렛은 이런 정치적 문제에 관해 절대 깊이 사고하지 않죠. 자신에게 피해 주면 나쁜놈들, 잘해주면 착한놈들이라는 명확하고 실용적인 기준의 소유자.
멜라니: 자기, 혹시 정치적 레즈비어니즘이라고….
스칼렛: 뭐? 정치? 정치 따위는 정말 지긋지긋해. 멜리, 다시는 그 비슷한 얘기는 꺼내지도 마.

ㅠㅠ

666_ 작가인 마거릿 미첼의 관점은 이전에 살펴봤던 대로 좀 특이한데, 정치적으로 주장하는 것을 보면 그냥 전형적인 노답 남부 수꼴 1이지만, 피와 살을 가지고 등장하는 흑인 캐릭터가 – 물론 다들 부역자들이긴 한데 – 민스트럴쇼 스타일의 '열등한 흑인'의 스테레오 타입을 따르진 않는다는 거죠.

버터플라이 맥퀸
(왼쪽)과
해티 맥대니얼
(오른쪽)

667_ 남부 백인들이 이처럼 뒹굴뒹굴거리며 흑인 탓 링컨 탓 셔먼 탓 공화당 탓 하는 와중에….

<투표소의 흑인>
☞ 이 그림의 작가 토마스 내스트는 <바람과 함께 사라지다> 당시의 유명 시사만화가로, 미국 카툰의 아버지라고 불린다. 투표권을 행사하는 흑인 유권자를 좌측의 남부연맹 잔당들이 불만스레 바라보고 있다.

668_ 스칼렛은 치열하게 일하며, 허우대만 남았던 농장을 일으켜 세우고 있었습니다. 넋 놓고 있는 이웃집들과는 확연히 다른 타라를 보며, 스칼렛은 자신의 능력으로 세상에 변화를 일으킬 수 있음을 뿌듯해하죠.

제가 들어드리죠. 제가 지금 가장이니까.

669_ 마르크스는 현대사회의 가장 중요한 문제가 노동이라고 말했습니다. 지금 우리 눈앞에 띄는 아무 물건이나 눈여겨보세요. 그것은 누군가의 노동으로 만들어진 것. 타인의 노동과 우리의 삶은 이어져 있습니다.

마르크스
☞ 영국에서 활동한 독일의 경제학자. 마르크스의 소외 이론은 <경제학-철학 원고>에서 처음 등장한다.

670_ 노동으로 생산하는 재화로써 사람은 사회에서 의미 있는 존재가 되고, 노동으로 자연과 투쟁하고 그것을 변화시킴으로써, 세계의 일원으로 자신을 자각할 수 있는 것이죠. 마르크스는 현대사회가 개인에게 몰고 오는 외로움, 즉 **소외**를 극복할 길이 여기에 있다고 주장하죠.

671_ 그리고 마르크스가 가장 강조하는 부분은 아시다시피 이것인데요.

> 마르크스: 따라서 우리는 노동의 대가를 노동자에게서 분리시키는, 사적 소유를 철폐해야….
> 스칼렛: 시끄러, 다 내 거야.

672_ 여기서 윌 벤틴이라는 캐릭터가 등장하죠. 조연이지만 간략하게 표현하기는 좀 애매한 캐릭터여서인지, 영화에서는 안 나옵니다. 이 결과 나중에 이 사람과 결혼해야 되는 스칼렛의 동생 수엘렌이 노처녀가 됐죠.

언니는 남편이 셋인데 나는 노처녀잖아!

📎 673_ 윌은 원래 소농으로 스칼렛의 기준으로야 영락없는 캐서민. 괜히 전쟁에 끌려 나가 발을 하나 잃고 북군의 포로로 잡혀 있다, 고향으로 돌아가는 길에 타라에 잠깐 들른 것입니다. 이전 같았으면 대지주들이 상종도 안 할 신분이지만,

> Home from their lost adventure came the tattered Cavaliers...
> Grimly they came hobbling back to the desolation that had once been a land of grace and plenty...
>
> 집으로 만신창이가 된 군인들이 돌아왔다

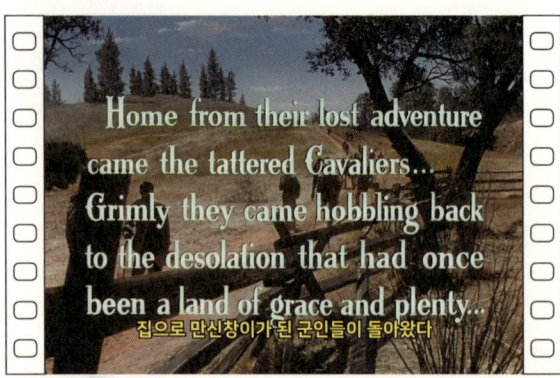

📎 674_ 윌은 일을 매우 잘하는 사람이었기에 일손이 없는 시절에 환영받게 됐고, 그 이후로도 쭉 타라에 눌어붙어 살게 되죠. 윌은 노동계급의 전형적인 미덕을 보여주는 사람입니다. '윌은 일을 해냈다. 조용히, 끈기 있게, 유능하게.'

📎 675_ 물론 윌은 정치적으로 수꼴이고 그런 점에서는 발을 잃고도 여전히 정신을 못 차렸다고도 할 수 있겠어요. 그래도 이웃의 미친 수꼴들과 비교하면 살짝 나은 사리판단력을 가진 사람이긴 합니다. 글쎄, 굳이 따지자면 김진태와 나경원과의 차이랄까.

나경원 전 국회의원

김진태 지지자 땜에 대략 폭망각

✈676_ 윌이 그들과 가장 큰 차이를 보이는 점은 앞서 말했듯 노동입니다. 윌은 스칼렛처럼, 노동으로 무엇인가를 해낼 수 있는 사람이죠. 이것은 대농장주 30년 차에 철저히 쓸모없는 인간이 돼버린 스칼렛의 아빠와 정확히 대비되죠.

✈677_ 그리고 누구보다 애슐리 윌크스와! 그렇습니다. 멜라니의 남편이 돌아왔습니다.

678_ 애슐리는 윌과 마찬가지로 포로수용소에서 죽을 고생을 하다 돌아왔지요. 대략 이 지점부터 미첼 여사는 정치적 사건들에 관해 노골적으로 사실과 다른 이야기들을 합니다. 포로수용소의 비극도 미첼의 설명에 따르면 포로교환협상을 파투 낸 북부의 책임.

지만원 군사평론가

679_ 그런데 사실을 따져보면, 남북전쟁 당시 포로교환협상이 결렬된 가장 중요한 이유는 남부가 포로로 잡힌 흑인 병사를 그냥 노예로 팔아먹었기 때문이었죠.

연방군 제4유색인 보병연대 병사들

680_ 다소 부수적인 이유는 민족주의인데, 그때까지만 해도 **빠롤**이라고 해서, 적대금지서약을 시키고 포로를 풀어주면, 그 포로는 전쟁을 안 하는 게 정상. 누가 군대에 다시 입대해서 죽으려고 하겠어요? 그런데 민족주의라는 전염병이 퍼진 다음에는 사람들이 국가를 위해 계속 죽으려고 들었던 거죠.

내가 조국을 위해 흘린 피에

681_ 이 민족주의라는 이름의 집단자해는 셔먼이 남부농장들을 해체함으로써 급제동이 걸렸습니다. 가족들의 생계가 곤란하다는 소식을 들은 남군병사들이 탈영하기 시작했던 거죠.

남부의 문제는 이 셔먼짱이 해결했으니 안심하라고!

682_ 이렇게 포로수용소 건만 봐도 남북전쟁의 쓸데없는 근대성을 느낄 수 있는데, 초만원이 되었던 수용소의 사망률이 10%였고, 사망자 수는 역시 전쟁의 전체 사망자의 10%에 육박했습니다. 남북 모두 각각 3만명 가량인데요. 남쪽에서는 물자가 없어 밥을 안 주고, 북부는 그 보복으로 안 줬다고 하죠.

<전쟁 당시의 포로수용소>

683_ 하여튼 용케 살아 돌아온 애슐리는 삶의 의미를 잃고 무능무능무능 무능 그 자체입니다. 저렇게 함마질을 못하는 인간도 없으리라는 게 주변의 평가죠.

<When Johnny comes marching home>

684_ 앞서 장면에서 BGM으로 깔리는 선율은 <Johnny comes marching home>입니다. 고향으로 돌아오는 병사를 환영하는 노래인데, 영화에서는 애슐리의 처지에 걸맞게 좀 우울하게 편곡됐죠. 이 곡은 액션영화의 레전설, <다이하드 3>에서도 테마로 쓰였습니다. 어떤 우연의 일치로!

685_ 이쯤해서 타라에 또 다른 불청객이 찾아옵니다.

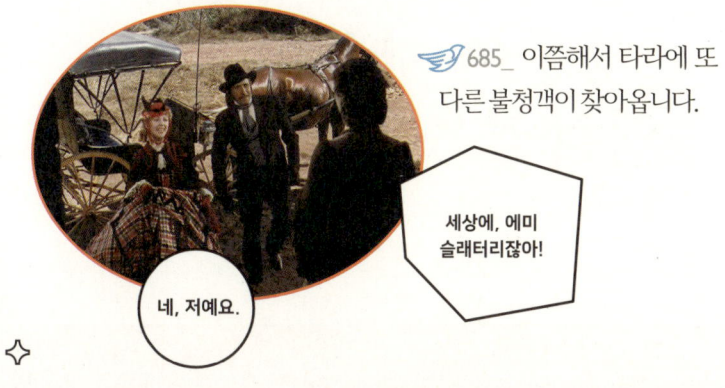

세상에, 에미 슬래터리잖아!

네, 저예요.

7

북녘 사람 요나는 성이 윌커슨이며
그 업이 세리라 부름을 받고
타라에 당도하여 이르되
**삼백 달란트가 없는
자들아 자본이 여기
임하였음을 모르느냐**

686_ 스칼렛네 농장 감독이었던 조너스 윌커슨이랑 옆집에 살던 에미 슬래터리. 둘은 결혼을 했답니다.

아, 에미는 이제 윌커슨 부인이지요

687_ 윌커슨: 허허허 좋은 말씀 전하러 왔습니다. 돈 이야기인데요.
스칼렛: 무슨 돈?
윌커슨: 바로 세금이죠! 자선생님? 국민의 신성한 의무! 납세의 의무를!
스칼렛: 나가.

688_ 윌커슨: 그 있잖습니까, 이번에 재산세 항목이 종합적으로 좀 정비가 돼서 거기에 따라 부동산에다가 세금을 부과하게 됐어요!
스칼렛: 뭐? 종부세?
윌커슨: 뭐 그렇게도 얘기할 수 있겠고요
스칼렛: 그래서 세금이 얼만데?

윌커슨: 3백이요.
스칼렛: 미친…
윌커슨: 거, 부과액이 언뜻 많아 보이지마는, 엄연히! 지금까지 잘못됐던 걸 정정하는 겁니다. 정. 정.

689_ 윌커슨: 세금을 소득과 재산에 맞춰 거둬야지 말예요. 무슨 취득세, 특소세, 톨비, 노가다판 인부들이 일당 받는 데서 수수료 떼먹고 말예요. 납부가 거 세입부터가 엉망이니 거 정부가 하는 일이 하나도 없고 산업발전이 더디고 그래서 전쟁에서 진 거 아닙니까! 엥!

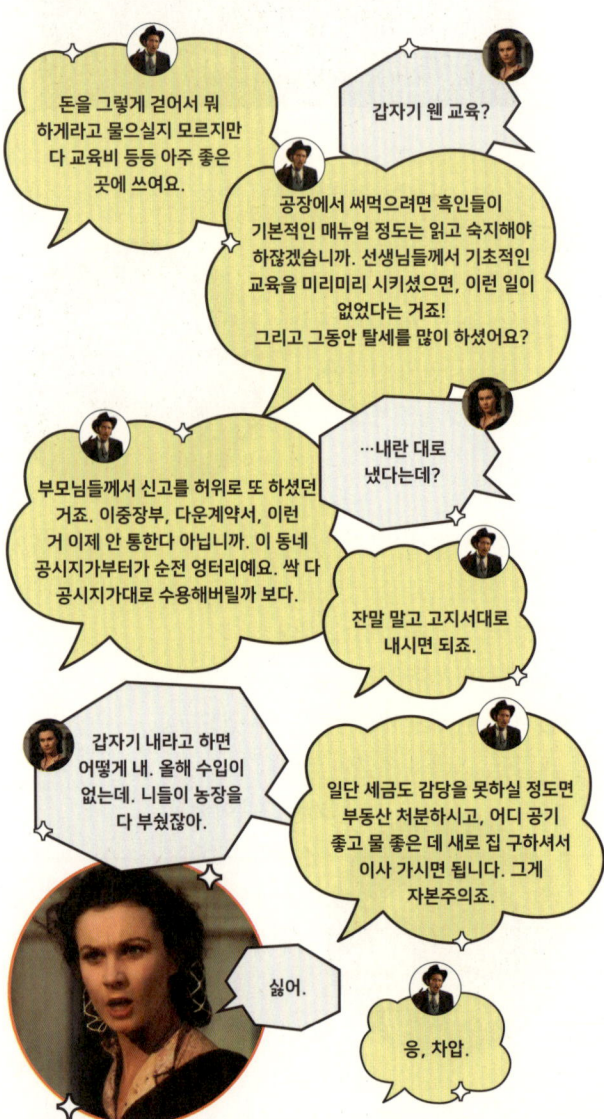

돈을 그렇게 걷어서 뭐 하게라고 물으실지 모르지만 다 교육비 등등 아주 좋은 곳에 쓰여요.

갑자기 웬 교육?

공장에서 써먹으려면 흑인들이 기본적인 매뉴얼 정도는 읽고 숙지해야 하잖겠습니까. 선생님들께서 기초적인 교육을 미리미리 시키셨으면, 이런 일이 없었다는 거죠! 그리고 그동안 탈세를 많이 하셨어요?

…내란 대로 냈다는데?

부모님들께서 신고를 허위로 또 하셨던 거죠. 이중장부, 다운계약서, 이런 거 이제 안 통한다 아닙니까. 이 동네 공시지가부터가 순전 엉터리예요. 싹 다 공시지가대로 수용해버릴까 보다.

잔말 말고 고지서대로 내시면 되죠.

갑자기 내라고 하면 어떻게 내. 올해 수입이 없는데. 니들이 농장을 다 부쉈잖아.

일단 세금도 감당을 못하실 정도면 부동산 처분하시고, 어디 공기 좋고 물 좋은 데 새로 집 구하셔서 이사 가시면 됩니다. 그게 자본주의죠.

싫어.

응, 차압.

690_ 소설에서는 '세금폭탄이다아아아아아아앜'이라는 말만 나오죠. 노무현의 종부세와는 다르게, 당시 남부에서는 실제로 세금 때문에 집을 처분하는 케이스도 제법 있었다는 모양입니다.

691_ 이 조너스 윌커슨이라는 캐릭터에 대해 잠시 알아볼까요. 윌커슨은 북부 출신이며, 타라의 노예감독이었습니다. 스칼렛의 아빠는 윌커슨을 그 직무상 아주 양심적인 인물이라고 평하죠. 그리고 타라에서는 노예에 대한 구타가 거의 없었다는 설정입니다.

윌커슨 씨. 나는 막 에미 슬래터리의 침상에서 오는 길이에요.

692_ 물론 학대자들은, 특히 가정학대 같은 경우는, 자기가 학대하는지도 모르는 경우가 많죠. 가장 악질적이었던 노예농장주들도 <바람과 함께 사라지다>를 읽고 나서 "그래! 내가 이렇게 노예들을 잘 대해줬다고!" 라고 외칠 겁니다. 소설은 남부 백인들이 보일 그런 뻔뻔함에 은근슬쩍 기대고 있죠.

693_ 하지만 어쨌든 타라에서는 채찍질이 거의 없었고 실제로 노예였던 빅 샘이 "태어나서 한 번도 맞아 본 적 없는데!"라고 말하죠. 물론 드문 일이고 그래봤자 노예농장이지만, 흑인들에게는 그나마 나은 지옥이라고도 할 수 있겠죠. 여기에 우리는 실무자인 윌커슨의 기여를 인정하지 않을 수 없죠.

조너스 윌커슨을 해고시켜야 해요.

694_ 윌커슨은 작품 초반 스칼렛의 엄마에 의해 쫓겨나는데, 에미 슬래터리가 사산했기 때문입니다. 문제는 에미는 남자관계가 매우 복잡했던 고로 아이를 윌커슨의 자식이라고 단정지을 수 없었다는 것. 애초에 윌커슨이랑 에미 슬래터리랑 잤다는 증거부터가 엘렌 오하라에겐 없었죠.

695_ 결국 윌커슨의 실직은 만족스럽지 못한 결혼 생활을 이어가던 엘렌 오하라의 꼰대 근성의 결과였던 것입니다. 반대로 윌커슨도 엘렌의 그런 성향을 평소 싫어하고 있었다고 소설은 설명하죠.

696_ "윌커슨은 남부인들을 미워했다. 남부인들은 그에게 냉담한 예의를 보이며 그의 사회적 지위를 경멸했는데, 예의가 경멸을 제대로 감추지 못했다. 윌커슨은 엘렌 오하라를 제일 미워했으니, 그녀가 바로 그런 남부인의 전형이었다."

697_ 윌커슨은 영화의 표현대로라면 북부에서 다시 돌아와, 공직을 맡게 되죠. 들리는 소문에 따르면 횡령과 직권남용으로 상당히 돈을 벌었다고 하는데, 뭐 그럴 수도 있겠죠. 어쨌거나 미첼은 이렇게 이야기합니다. "이 힘든 시기에 그 돈을 절대 그는 모두 정직하게만은 분명 벌지 않았으리라."

698_ 여기서 윌커슨이 일하는 부서가 중요한데, 바로 **해방노예국**입니다. 해방노예국은 해방된 흑인의 기본적 복지를 추구했습니다. 이산가족 상봉부터 기초 교육과 취업지원까지 다양한 활동들을 했지요. 이 단체는 백인들의 비협조와 공격으로 어려움을 겪다 결국 폐지되죠.

해방노예국

699_ 윌커슨은 해방노예국에서 대단히 열성적으로 활동하는 인물로 묘사되는데, 윌커슨이 흑인의 정치활동은 물론이고 같은 미합중국 시민으로서의 흑백 **통합**을 강력하게 지지하는 장면들이 나옵니다. 사적으로도 흑인들을 집에 초대하고 같이 식사하는 등의 모범을 보여 주지요.

리치먼드 해방노예국 안의 흑인 학교

700_ 그리고 당시의 사회통념상 윌커슨은 에미 슬래터리를 책임질 필요가 없었죠. 괜히 섹파 때문에 신세 망쳤다고 원한충화되지나 않으면 다행이 아닐까, 하지만 다시 남부로 돌아온 윌커슨은 에미 슬래터리와 결혼하죠. 그리고 작심하고 호강시켜주려고 합니다. 로맨티시스트죠.

저우융캉 전 중국 공산당 상임위원 ☞ 중국의 유력 정치인이었으나, 기밀유출과 부패 등의 혐의를 받고 몰락했다. 로이터는 저우융캉의 축재 재산을 한화 15조 이상으로 추정했다.

701_ 당시는 부패가 극심하던 시절이긴 했습니다. 사람들은 집권당 탓이라고 생각했지만, 당이 바뀌어도 부패는 더하면 더했지 덜하지 않았죠. 그것은 제도가 부실한 고도성장기 개발도상국의 특성 같은 것. 윌커슨은 앞서의 사실들로 미루면 해먹었어도 그나마 좀 덜해 먹었으리라는 추측이 가능하죠.

702_ 그렇습니다. 이 사람은 올바른 사람입니다. 적어도 상대적으로는.

703_ 하지만 이 시대의 양심은 얼마 못 가 극우테러로 인해 사망하죠.

704_ 글쎄, 미첼이 의도했을 리야 없겠지만, 윌커슨은 그리스도의 제자, 이를테면 마태오를 연상시키는 구석이 있는 캐릭터입니다. 악한 일을 했지만 개심하여 사회운동에 투신했음이 하나. 신분이 천한 사람과 같이 먹고 마시며 교류했음이 둘. 모함을 당했고 순교했음이 셋이겠어요.

<사도 마태오>

705_ 또한 링컨이 현대의 예수로 흔히 비유됐음을 생각하면 더욱 그렇죠. 그러니 윌커슨이 든 채찍마저 갑자기 주님께서 휘두르던 그것으로 보이는데요. 마침 사도 이야기가 나온 김에, 종교 얘기를 잠깐 해볼까요.

<예수의 성전 정화>
☞ 성경에서 예수는 채찍 한 자루로 성전의 모든 장사치들을 제압한다.

706_ 영화에서는 윌커슨의 방문 직후에 스칼렛의 아빠가 사망하는 것으로 나오죠. 소설에서는 그와는 별 관련없이 반년쯤 뒤인데, 울타리를 넘다 낙마했다는 점은 같습니다. 도전정신은 남아 있었으나, 그것을 올바로 발휘할 능력은 잃어버린 사람의 최후였죠.

707_ 타라는 신부를 모셔올 형편이 안 되어, 성공회 신자인 애슐리 윌크스가 장례를 집전하게 됩니다. 스칼렛네 아빠는 아일랜드, 어머니는 프랑스 혈통으로 가족들은 독실한 천주교도들이었죠.

제 탓이요, 제 탓이요, 저의 큰 탓이옵니다

708_ 하지만 스칼렛은 불가사의할 정도로 종교적이지 않게 자랐죠. 나중 가면 성경 구절마저 다 까먹는 희대의 나이롱 신자가 되는데요. 장례식 시점에서는 '열심히(아님) 기도했는데 왜 안 들어줘!!!! 안 해!!!!' 라는 상황.

그리고 모든 성인들이이셔, 저를 위하여 하느님께 빌어주소서….

709_ 믿음이 깊었던 막내 커린이 애슐리에게 "이거 이거 읽어주세요."라고 기도서에 체크를 해줍니다. 그런데 호상과는 거리가 멀었던지라, 모인 개신교도 이웃들은 이미 잔뜩 화가 나 있었고, 애슐리는 그들의 심사를 조금이라도 긁으면 싸움이 날 것이라고 우려한 나머지,

성 세례 요한,

710_ 카톨릭적인 개념은 모조리 빼리고, 결국 자기가 아는 성공회식의 전례 해버리죠.
"독실한 천주교도 아일랜드인이 영국국교회식으로 매장됨을 깨달은 사람은 멜라니와 커린뿐이었다."
커린은 분노하지만, 위의 두 언니들의 반응은 '흑흑 너무 감동적이야….'라고 합니다. 다른 조문객들도 다 마찬가지. 그런데 말입니다,

그런데 말입니다

711_ 커린은 그렇다 치고, 멜라니가 그 사실을 어떻게 깨달은 걸까요? 성공회와 카톨릭은 서로 거리가 매우 가까운 교파입니다. 괜히 다들 애슐리의 계략에 넘어간 게 아니란 말이죠.

<헨리 8세>
☞ 로마 카톨릭 교회에서 독립해 영국 국교회, 일명 성공회의 수장이 됐다. 헨리 8세의 가장 큰 목적은 아내와의 이혼이었기에, 교리나 전례상의 변화가 크지 않았다.

712_ 멜라니는 성공회의 전례를 알고 카톨릭의 전례 역시 정확히 알고 있습니다. 카톨릭이 최애인 스칼렛의 종교라서 굳이 공부를 했을까요? 그럴 리가요. 혹은, 진지하게 종교적인 심성이 멜라니에게서 보이나요? 물론 멜라니는 겉으로는 모범적인 종교인인 것처럼 행세합니다. 하지만,

🕊️713_ 우리는 이미 그 **품성**의 내면을 어느 정도는 들여다보고 있지요.

벨 와틀링: 이렇게 자애로우시다니! 당신이야말로 진정한 크리스쳔이에요…!

멜라니: (오 예 전쟁 자금 개꿀)

멜라니가 커린과 같은 앎을 가지는 건, 아무래도 인문학적 변태성의 발로입니다. 쉽게 말해 종교덕후라는 거죠.

> 당신처럼 신실한 크리스쳔을 본받아야 할 텐데요!

> 봐요, 미드 부인 정말 큰 돈이에요.

🕊️714_ 한편 스칼렛은 세금을 낼 방법을 궁리하고 있습니다. 말마따나 좋은 집에는 나쁜 놈 대신 착한 놈이 살아야 마땅하겠지만, 세상이 꼭 그렇게 돌아가지만은 않는 법.

> 아빠 생각은 나지도 않아. 300달러 생각뿐이니.

> 네가 가져, 네게 줄 테니까 아빠도 그걸 바랄 거야.

715_ 영화에서는 여기서 스칼렛이 제럴드 오하라의 시계를 하인 포크에게 줍니다. 포크가 나서서 도와주지 않았다면 타라의 백인들 절반쯤은 병과 굶주림으로 죽었을 겁니다. 심지어 포크는 백인들의 분리정책에 따라 그간 가사노동만 했지, 육체노동을 한 적이 없는 사람이었죠.

716_ 소설에서는 다음과 같은 부분이 붙는데, 스칼렛이 다음과 같은 글귀를 시계에 새겨준다고 합니다.
"오하라 네가 포크에게 – 유능하고 신실한 하인이로다."

영화 <라스트 제다이>

> 아니, 이 미개한 백인놈들이?????

717_ 그러자 포크는 대놓고 싫은 티를 내는데요. 이유를 묻는 스칼렛에게, 포크는 스칼렛이 시계집에 갔다 오는 사이 마음이 바뀔까 저어했다고 답합니다. 뒤이은 포크의 아첨에 스칼렛은 글귀를 새겨주겠다는 제안 자체를 잊어버리죠. 하지만 생각해봅시다. 자신이 노예라는 구절이 박힌 시계를 누가 갖고 싶어 하겠어요? 이것은 심지어 자존심 이전의 문제이기도 합니다. 그런 글자가 박힌 시계는 가격이 떨어지잖아요!

718_ 그냥 넋놓고 읽다보면, 시계에 **너 노예 ㅊㅋ**라는 글귀를 새기지 않게 된 건 깜빡 잊고 – 스칼렛 본인도 잊어버렸습니다! – **흑인들은 좀 어리석구나**… 정

도의 인상만 남긴 채 넘어가기 쉬운 구절입니다. 하지만 이 사건에서 흑인인 포크는 백인인 스칼렛보다 머리를 잘 굴리고 있죠.

719_ 미첼이 이 효과를 기획했으면 참 대단한 협잡꾼이고, 설마 기획하지 않고 이런 구성이 나왔으면 그것은… 실로 다른 의미로 천재적이라고 할 수밖에.

720_ 그나저나 일가친척 친구네 집들 모두 셔먼이 쓸고 지나간지라, 300달러가 나올 곳이라곤 도무지 없어 보이는데요. 대체 누구한테 돈이 있을….

그 돈 가진 사람은 없으니까요.

레트.

안녕, 스칼렛.

721_ 그렇습니다. 레트. 파워 진정성맨이 되어 떠났던 그 남자는 이미 전쟁특수로 한 몫 거하게 땡겨놓은 상태였죠. 그 진정맨에게 진심을 담아(라고 착각하게 만들면서) 고백하면 300달러쯤은 우습게 뽑지 않을까요?

🕊 722_ 애틀랜타로 갑시다!

🕊 723_ 그런데 전쟁이 끝나고 레트는 도로 자본주의의 돼지가 되어 있었어요, 꿀꿀.

아닙니다, 소령님! 저번들이랑은 다릅니다.

🕊 724_

꿀꿀! 꿀꿀꿀!

300하고 40!

🕊 725_ 이게 사람 사는 데니? 돼지우리지!

심지어 사람 사는 곳도 아닌 마굿간…!

726_ 결국 스칼렛은 레트에게 한 푼도 못 건지고 퇴각하고 말죠.

727_ 셔먼이 신나게 해체한 애틀랜타는 다시 지어지고 있죠. 도시로 나온 흑인들과 전쟁 후 남부로 찾아온 북부인들로 왁자지껄한데요. 이렇게 남부사회가 공화당에 의해 다시 지어졌던, 정확히 말하면 짓긴 지으려고 했는데 뭔가 미완성으로 끝났던 이 시기를 **재건시대**Reconstruction era라고 부릅니다.

<카펫배거>

728_ 래디컬 리퍼블리컨, 곧 공화당 급진파는 북부의 이주민들, 남부의 협력자들, 해방된 흑인들로 주정부를 구성해서 개혁을 밀어붙이려 했죠. 남부 수꼴 백인들은 이들을 적대했는데, 이주민들을 카펫배거◆, 협력자들을 스캘러왝◆◆이라고 불렀습니다.

◆ 미국 남북 전쟁 이후 재건시대 (1865~1877) 남부로 이주한 북부인을 뜻함

◆◆ 북부 공화당에 협력하는 남부인을 멸시해 부르는 말

729_ 카펫배거는 카펫을 싸고 다니다 그걸 깔고 노숙하는 거지라는 뜻이고, 스캘러왝은 대충 건달 정도의 의미입니다. 레트 버틀러가 전형적인 스캘러왝, 즉 공화당 협력자죠.

730_ 선거 결과 흑인들이 의회에 대거 진출했고, 이는 백인들에게 "흑인들이 우리를 지배하고 있어!"라는 공포를 불러일으켰죠. 하지만 인구비례로 따지면 의회에 흑인들이 오히려 적게 들어간 셈이었습니다. 세상 돌아가는 건 그때나 지금이나 뭐 비슷비슷합니다.

> 오나선 @lakinan
> 원문은, 평소에 토론방의 20% 분량을 차지하던 여성들이 해당 논쟁에서는 51% 정도까지 참여하니까 남자들이 "여자들 때문에 (남자가) 침묵당한다."고 난리쳤다는 내용. 그러나 실제로는 남자가 전체 분량의 70%를 차지했다. 와…

🪶731_ 영화의 이 장면에서도 래디컬 리퍼블러컨에 대한 악감정이 드러나죠. 실제로 공화당 내부에서 남부 농장들을 쪼개서 흑인(남성) 하나당 **40에이커와 노새 한 마리**를 주자는 의견이 있긴 있었다고 해요. 당시 기준으로나 1939년 기준으로나 아주 급진적이죠. 심지어 지금 미국 기준으로도 마찬가지겠어요.

> 한 분도 빠짐없이 40에이커와 노새 한 마리를 드리겠다 이겁니다

🪶732_ 공화당 급진파에서 나온 다른 급진적인 주장으로는 '8시간 노동법'이나 '여성 투표권' 같은 게 있었죠. 역시 당시 기준으로 너무 급진적(?)이라서 실현되지는 못했지만. 이렇게 이야기하니 공화당 급진파가 천사 같아 보이지만…

애니 케니와 크리스타벨 팽크허스트

733_ 네이티브 아메리칸, 일명 인디언들을 학살하는 데는 이들도 매우 열심이었죠. 결국 흑인이나 여성을 시민의 한 사람으로 받아들이는 게 국민국가와 산업사회를 구성하는 데 유리했기 때문이고, 공화당원들이 반드시 박애주의자라서 그렇게 된 것은 또 아니었던 셈이에요.

<리틀빅혼 전투>

734_ 여튼 레트를 낚는 데 실패하고 애틀랜타 시내를 방황하던 스칼렛은 다른 통통한 물고기를 발견해 이내 낚아챕니다. 이웃이던 프랭크 케네디, 그이는 전쟁이 끝나고 제법 돈이 있는 사업가가 됐죠.

프랭크 케네디!

유모까지!

735_ 스칼렛 오하라 케네디.

736_ 스칼렛의 결혼 소식을 듣고 절규하는 동생 수엘렌.

멜라니 언니, 쟤가 무슨 짓을 했는지 알아?

737_ 내 애인이랑 결혼했다고!

738_ 멜라니는 오늘도 변함없이 또 여념없이 최애 쉴드.

739_ 얼굴천재

740_

741_ 스칼렛은 애슐리와 같이 애틀랜타에서 사업을 하자고 꾀지만, 애슐리는 반대합니다. 멀리 뉴욕으로 떠나 그곳에서 취직할 거라네요.

742_ 갑자기 큰 소리로 울기 시작하는 스칼렛.

743_ 그러자 멜라니가 순식간에 달려오죠. 수엘렌이야 울든 말든.

744_ 남편을 매섭게 쩌려보는 이 짧은 순간이 아주… 좋죠.

745_ 무슨

신사답지 못한 일이잖아.

746_ 이유가

우리 귀여운 보우도 없었을 테고, 그리고…

747_ 끊임없이

제18대 대선 토론회에서의 이정희 후보 (왼쪽)와 박근혜 후보 (오른쪽)

748_ 튀어나오는

변희재 시사평론가 (왼쪽)와 진중권 비평가 (오른쪽) 토론 장면

749_ 멜라니. 소설에서 멜라니의 논거 제시는 영화보다도 훨씬 길죠. 막판에는 스칼렛조차 당황할 정도. 이 토론의 승자는 이미 정해졌습니다.

스칼렛이 우리를 먹여살리겠다고 목화를 따고, 쟁기질을 하고

750_ 오, 마이 달링!!!!

오오, 우리 자기!

🕊️751_ 그 와중에 포옹까지 성공. 그렇습니다, 애슐리가 오는 바람에 스칼렛이랑 같이 안 잔 지 오래됐죠.

🕊️752_ 여기서 달링darling이라는 표현에 대해 살펴봅시다. 달링은 사랑의 표현이죠.

그래, 달링. 그래…
집에 갑시다

🕊️753_ 애틀랜타에 살 때, 멜라니가 받은 애슐리의 편지를 스칼렛이 훔쳐보는 대목이 있었죠. 맨 처음 My dear wife라고 쓰여 있는 걸 보며, 스칼렛은 이렇게 생각합니다.
스칼렛: 고작 dear라니, 무릇 사랑하는 사이라면 darling이나 sweetheart를 써야 해. 둘은 별로 사랑하는 사이가 아닌 거야, <u>으ㅎㅎㅎㅎ</u>….

🕊️754_ 전쟁으로 아들 넷을 모두 잃은 탈턴 부인이 말합니다.
"**우리 달링들이 다 없어졌으니 이제 나는 어떻게 살아야 할지 모르겠어.**"
그리고 소설에서 이어지는 문장은
"**모르는 사람들은 죽은 아들 얘긴 줄 알겠지만, 타라 여인들은 그것이 말을 뜻함을 알았다.**"

755_ 탈턴 부인은 말 덕후인데 광신적인 수준이죠. 소설에서 맨 처음 달링이라는 단어를 쓴 것도 이 사람인데, 이 경우에도 달링이란 자신의 애마입니다. 말들을 모두 잃자 사람이 애슐리처럼 허공에 붕 뜬 것처럼 묘사되죠. 이렇게 미첼은 **달링**의 사용법에 대해 우리에게 살짝 힌트를 주고 있답니다.

756_ 그렇습니다. <바람과 함께 사라지다>에서 달링은 사랑의 배터리… 가 아니라 사랑의 바로미터. 이제 한 번 기압계의 애정수치가 얼마나 나오는지 측정해볼까요!

사랑의 배터리가 다됐나 봐요

757_ 소설에서 달링이라는 표현은 모두 91번 나옵니다. 스칼렛이 누군가를 달링이라고 부르는 경우는 15번. 레트는 12번입니다. 앞서 말한 탈턴 부인이 5번으로 당당히 4위. 예상하시겠다시피 미세스 탈턴의 다섯 달링은 몽땅 말이죠. 멜라니는 소설에서 몇 번 달링이라는 표현을 쓸까요?

758_ 멜라니가 누군가를 달링이라고 부르는 경우는 34번입니다. 압도적으로 1위. 그중에서 스칼렛은? 28번입니다.

스칼렛!

🕊759_ 달링!

스칼렛! 어제 우리 결혼식에서
나는 너를 생각했어

🕊760_ 잘 자, 달링!

잘 자, 스칼렛

🕊761_ 있잖아, 달링!

자기는 힘들게 일하는데
나만 침대에 있을 순 없잖아

762_ 언제 왔어, 달링?

763_ 나를 버리고 가지 않을 거지, 달링?

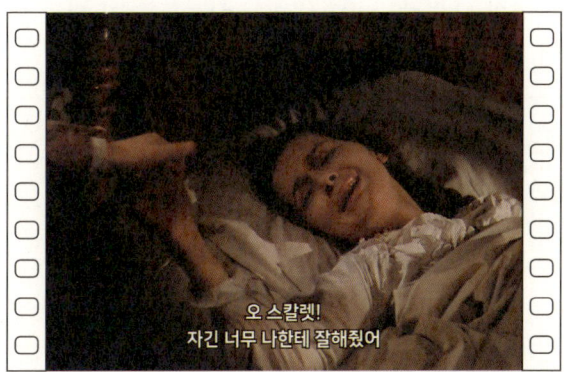

오 스칼렛!
자긴 너무 나한테 잘해줬어

764_ 오, 마이 달링!

오오, 우리 자기!

765_ 나머지 멜라니의 달링들은 멜라니의 남편인 애슐리 2번, 조카인 웨이드 해밀턴 2번, 오빠 찰스 1번, 불확실(미드 부인?) 1번. 게다가 이 중 4번의 달링은 스칼렛과 대화하다 나온 것. 애정도를 다소 감해볼 필요가 있겠죠. 그리고 애슐리의 경우가 아주 특이한데 둘 다 죽음을 암시하고 있습니다.

766_ 하나는 애슐리의 실종통지서를 받았을 때입니다. "우리 달링이 죽었구나, 난 알 수 있어!" 아니 이건 암시도 아니잖아요? 그리고 또 다른 하나는 휴가 나온 애슐리를 보고 멜라니가 이렇게 말할 때입니다. "옷이 엉망이야, 달링."

상하지 않게 하겠다고…

767_ 영화에서는 이 대사들이 안 나오고, 대신 원작에 없는 이성애 착즙 장면들이 수차례 들어가 있죠. 여기서 저는 다시 권위자들의 의견을 소개하고 있습니다. "옷이 엉망이야, 달링."은 **용케 안 죽고 살아 돌아왔네.^^** 정도 의미라는 거죠.

그러면 내 사랑하는 이가 내게 돌아올 수 있겠지.

768_ 물론 사람은 누구에게나 애증을 동시에 갖고, 그것은 친한 사이일수록 심하기 마련인데요. 저는 애슐리에게 멜라니가 **그 나름**의 애정은 갖고 있다고 생각합니다. 소설을 읽다보면 그것조차 부정하기는 어렵죠. 딱히 지극하지도 혹은 성애적이거나 하지도 않아 보이는 애정이지만요.

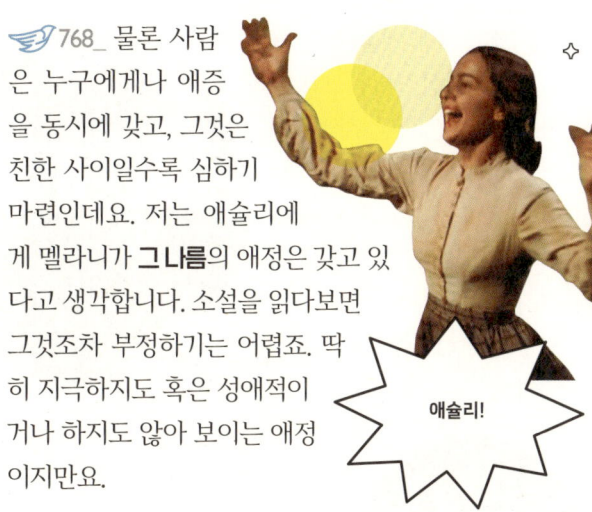

애슐리!

769_ 그런데 그렇다면 문제는 오히려 애슐리 쪽. 멜라니는 애틀랜타에서의 난산으로 몸을 크게 해쳐 다시 아이를 낳을 수도 없게 됐죠. 섹스를 못하는데, 아니 애초에 동성애자인데, 애슐리 말마따나 **최고의 아내**가 될 수 있을까요?

너무나 사랑해서 세상 최고의 아내를 잊을 정도로

770_ 이제 애슐리의 성적 지향도 조금 의심스러워지기 시작하죠. 하지만 결론부터 말하면 이성애자가 아니라는 확실한 증거는 없습니다. 애슐리가 호모소셜적 지향이 매우 강한 사람이라는 것 정도는 소설에서 묘사되지요.

> 나의 오랜 친구들이 산산히 부서지고

771_ 그러거나 말거나 애슐리는 심각하게 의존적인 인물이기에 멜라니에게 매여 살 수밖에 없었을 겁니다. 그것이 어떻든 가장 큰 이유죠. 다시 강조되지만 백인농장주들이 지구상에서 가장 의존적입니다.

772_ 멜라니의 조카 웨이드 해밀턴◆이 누구냐 하면 스칼렛과 찰스의 아들입니다. 스칼렛은 아들을 심히 미워하거나 학대하거나 하는 건 아닌데, 별 관심이 없고 귀찮아하죠. 표현하기 껄끄러운 캐릭터라서인지 영화에서는 안 나옵니다. 단 웨이드라는 캐릭터 자체는 매우 현실적이죠.

◆ 영화에서 찰스의 칼과 함께 나오는 편지의 발신인인 부대 지휘관 웨이드 햄프턴 (실존인물)의 이름을 땀

773_ 여기서 멜라니가 조카에게 달링이라는 표현을 쓰는 것도 따져보면 웃긴데, 이렇게 말하죠.
"오, 이 귀여운 것you precious darling! 네가 내 아이라면 얼마나 좋을까!"
멜라니는 자기 애를 스칼렛처럼 키워달라고 말한 적이 있었죠. 종합하면 상식을 아득하게 초월하는 발언입니다.

생활 사투리로 론 인기 '내 아를 낳아도' 김시덕

774_ 멜라니: 자기, 왜 여자끼리는 아이를 못 가지는 걸까?
스칼렛: 또 무슨 소리 하니?

775_ 정리하면, 멜라니 34번(스칼렛에게가 28번), 스칼렛 15번(레트에게가 6번), 레트 12번(그중 스칼렛에게가 11번), 탈턴 부인 5번(모두 말) 되겠습니다. 이 외에 스칼렛이 머릿속으로 누군가를 달링이라고 생각하는 것이 8번, 미첼이 설명하면서 달링이라는 표현을 쓰는 것이 5번 있지요.

776_ 스칼렛은 멜라니를 딱 한 번 달링이라고 부르죠. 횟수로 따지면 레트가 사온 초록 실크 보닛(파리제 신상품)과 1달링으로 동급.

어머, 예쁜 것!

777_ 멜라니의 이 **오 마이 달링** 대사의 한국어 번역들을 보면 제각기 괴상한데, '오, 내 아가!'도 있고, '오, 여보!'라고 옮긴 것도 있고, 그러니까 애슐리에게 하는 대사로 생각한 것이죠. 그리고 그 와중에 가장 괴이한 대사는 KBS 더빙판 번역, '가엾은 스칼렛…!'이 되겠습니다.

778_ 물론 K국 더빙판 번역에서는 좋은 대목이 많습니다. 가령 이 **'어쩜 그렇게 거짓말을 잘해?'**는 더빙판 번역 그대로인데 멋진 번역이죠.

779_ 가장 인상적인 부분은 역시 마지막 대사겠고요. '내일은 내일의 태양이 뜰 거야…!'. 한국인들에게 영화 명대사 꼽으라면 '그대의 눈동자에 건배'와 함께 투탑으로 꼽히던 대사죠. 원문은 '내일도 또 다른 날이니까.'인데 이건 뭐 태양에 비하면 그러거나 말거나.

영화 <카사블랑카>

너를 너무나 사랑해.

780_ 그런데 멜라니 대목만 나오면 원작의 이성애 착즙에 더해 현모양처 착즙의 유교정신까지 더해지니 도저히 버틸 수가 없다입니다. "멜라니는 너를 너무나 사랑해."라는 고백이 "(멜라니는) 스칼렛을 무척 좋아해요."로 돌변하다니 이럴 수가.

781_ 그리고 "우리는 이제 진짜로 정말로 < >인 거야."라는 멜라니의 의미심장한 대사에서 **자매**는 한 **가족**이 되어버렸죠. 갑자기 분위기가 가족 오락관.

이제 우리는 진짜로 정말로 자매인 거야.

782_ 여담이지만 스칼렛의 달링 발언은 상당수가 감언이설이죠. 웃기는 것은 애슐리를 달링이라고 칭하는 경우도 몇 번 없습니다. 겉으로 2번 속으로 2번인데, 멜라니의 달링공세에 비하면 하찮은 수준. 더 웃기는 것은 애슐리로, 스칼렛은 물론 누구에게도 달링이라는 말을 안 쓰죠.

감언이설은 소용없어요, 스칼렛 아씨

🕊️783_ 하여튼 이렇게 멜라니는 애틀랜타로 가겠다는 애슐리의 대답을 이끌어냅니다. 이것이 사랑의 힘입니다! (동성애였지롱 이 남부놈들아!)

애틀랜타로 가지.

🕊️784_ 한 명의 실망과 두 명의 만족을 얻었으니 공리적인 결과로군요(아님).

두 명 다는 못 당하겠군

🕊️785_

(쓸쓸해 보이는 뒷모습)

786_ 소설에서는 스칼렛의 결혼과 멜라니의 애틀랜타행 사이에 반년 정도 텀이 있지요. 그리고 소설에서 등장하지 않는 인물인 윌은 이렇게 말하죠.
"글쎄 뭘 보더라도 그 양반(애슐리)이 뉴욕에 가는 게 낫지 않을까…."

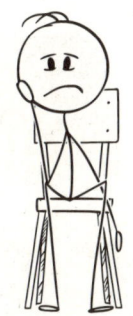

787_ 언뜻 **사랑**을 배반하는 듯한 윌의 이 발언은, 멜라니가 소설에서 잠시 등장하지 않던 사이(36~38장)에 무엇을 하고 있었는지의 단서가 됩니다. 그전까지 멜라니는 온갖 구실을 만들어 스칼렛과 꼭 붙어다니고 있었죠. 게다가 멜라니는 고향인 애틀랜타로 무척 돌아가고 싶어 했지요.

788_ 멜라니: 피티 고모가 애틀랜타로 온다는데, 우리도 가는 게 좋지 않을까?.
스칼렛: 갈 테면 혼자 가! 안 말려.
멜라니: 아니 그게 아니고(울상) 자기 없으면 나는 죽어.
라는 대목도 있고 말이죠. 그런데 왜 반년 동안이나 타라에? 이에 관한 부분은 다른 단서들이 나오기 전까지 잠시 미뤄놓도록 합시다.

789_ 멜라니가 자랐던 피티 고모의 집은 – 사실 이것은 멜라니와 찰스의 공동 소유였고 찰스가 죽은 다음에는 지분이 스칼렛에게 넘어가는데 – 스칼렛과 프랭크가 신혼살림을 차린 곳이었죠. 멜라니는 무슨 바람이 불었는지 자기 집에서 그것도 최애랑 안 살고, 다른 집을 구하겠다고 합니다.

790_ 뭐 그래 봤자 멜라니가 살기로 작정한 곳은 스칼렛네 바로 옆집이었지만. 지하실이 매우 큰 집(???)이죠. 멜라니가 여기서 대는 핑계도 아주 그럴듯하기에 살짝 넘어가기 쉬운데, 이 부분도 잠시 나중을 위해 남겨놓도록 합시다.

스칼렛, 옷 갈아입고 저녁 때 멜라니 양한테 가 있어.

8

Again, Gone with the Wind

멜라니 해밀톤이 아탈란타 성 안으로 들어오다

791_ 멜라니 해밀턴이 애틀랜타로 돌아왔습니다. 사람들의 환영 속에, 그리고 순식간에 멜라니는 애틀랜타를 장악해버리죠.

792_ "자신이 새로운 사회의 리더가 되고 있었다는 것이 멜라니에게는 전혀 납득되지 않았다."◆ 멜라니를 다루는 미첼 특유의 화법이 잘 드러나는 문장입니다. 멜라니가 사회의 **리더**라는 사실이 분명하게 제시되지만,

◆ 소설 원문.
It never occurred to Melanie that she was becoming the leader of a new society.

793_ 시선을 끄는 강력한 부정어구 'never occurred'로 인해 이 **리더**라는 요점은 독자들에게는 매우 흐릿하게 전달됩니다. 설령 리더라는 것을 인식해도, 멜라니의 지도적 역할이 규범적이거나 상징적인 수준에 머무르고 있다고 독자들은 착각하기 쉽죠.

794_ 하지만 조금만 주의깊게 살펴보면 알 수 있으니, 멜라니는 애틀랜타 **시민사회**, 엄밀하게 따지면 백인 상류층의 사회겠습니다만, 거기서 일어나는 대소사에 대한 결정권을 가지고 있습니다. 명백히 현존하는 권력이죠.

멜라니 윌크스가 그이한테 그랬어.

🕊 795_ 멜라니 해밀턴 최고지도자 동지…!

🕊 796_ 여기서 멜라니가 어떻게 애틀랜타의 당 조직, 아니 시민사회를 구성하는 단위 조직들을 장악하게 됐는지, 그 비결을 살펴보도록 하죠.

볼세비키들

797_ 앞서 보셨다시피 미국 남부세계는 주로 각자의 (유사) 가족적 세계를 이루는 (남성) 농업인들로 이루어졌죠. 이런 사적 영역을 넘어서는 공적 세계는 허술했고요. 남부는 도시화도 북부에 비해 더뎠으니, 조지아에서 가장 큰 도시였던 서배너도 인구가 2만 명에 지나지 않았어요.

열두 참나무·
존 윌크스 소유
누구든 이 농장을
침범하면 고소하겠음.

798_ 환경이 이랬기에, 백인 남성 대농장주들이 자기네들끼리의 서클 안에서 사회적 문제를 좌지우지할 수 있었던 거죠.

- 다른 방법은 없지!
- 옳소, 싸웁시다!

799_ 이 대농장주들은 간섭이 싫고 특히 세금이 내기 싫어서 인종주의적 선동을 일삼았고, 그러다 전쟁이 일어났고, 역설과 마주하게 됐죠. 멜라니에게 보낸 애슐리의 편지에서 잘 드러나듯이. 전쟁에서 이기려면 자기들이 싫어하던 **조직**이 필요하다는 것이었습니다.

800_ 스칼렛이 소설에서 처음 애틀랜타에 도착해서 마주한 것들이 바로 그런 것들이었죠. 철도와 공장들과 정부조직 같은 것들. 그리고 이때다 싶어서 집 밖으로 뛰쳐나온 여성들이 있었으니, 간호단체를 조직하는 메리웨더 부인 같은 사람들이었어요.

🕊 801_ 그런데 자세히 살펴보면, 간호단체는 하나가 아니라 여럿이고, 개개인의 인맥에 따라 중구난방으로 결성돼 있었습니다. 멋도 모르고 사람들에게 "네! 그래요! 가입할게요!"를 외쳤던 스칼렛이 '일이 너무 많잖아! 이럴 거면 하나만 들어갈걸!'이라고 투덜대는 대목이 있죠.

🕊 802_ 그리고 우리는 멜라니가 이렇게 투덜대는 모습도 어렵지 않게 상상할 수 있죠. "이게 뭐야? 대체. 더 효율적으로 간호원들을 조직하고 부상병을 회복시킬 방법이 있는데…"라고요. 남부가 이런 비효율성으로 인해, 인력과 물자를 끝도 없이 뽑아내는 링컨의 전쟁기계에 결국 참패한 것 아니겠어요.

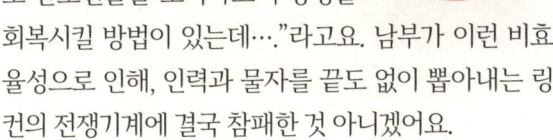

🕊 803_ 전쟁이 끝나고 나서도 애틀랜타에는 많은 단체들이 활동하게 됩니다. 애틀랜타는 전쟁과 재건을 거치며 인구가 크게 늘었죠. 그래 봤자 2만 명 정도긴 합니다만. 멜라니는 고향에 돌아와 이런저런 명목의 봉사단체들과, 음악이나 문학을 다루는 문화단체들을 발견하게 되죠.

804_ 이렇게 '그냥 사교모임'을 초월한 여러 단체들이 난립하는 상황은 무엇을 예정할까요?

<바스의 커피하우스에서 싸움에 휘말린 닥터 신택스> ☞ 18, 19세기의 커피하우스는 공론이 분출하던 정치의 현장이었다. 논쟁의 흥분은 종종 주먹다짐으로 이어지기도.

805_ 농업사회의 사교모임에서 대립할 것이라고는 그저 취향이고, 사람의 취향은 무엇이 꼭 옳고 그를 것도 없으며, 취향이나 성격이 안 맞으면 안 친하게 지내면 그만. 하지만 사회단체는 무언가를 꼭 결정해야 합니다. 그리고 제각각인 사람들을 이끌어 결정한 일을 하게 만들어야죠.

🕊 806_ 단체 하나만 있어도 속에서 싸움이 나기 쉽죠. 서로 활동 영역이 겹치는 단체들이 여럿 존재한다면? 이 단체들의 입장은 늘 엇갈리기 마련. 곧 분쟁의 일상화입니다. 여기서 감정 대립이 있을 만한 동기만 마련되면, 서로 멱살 잡게 되는 건 시간문제겠어요.

🕊 807_ 이렇게 멜라니 동지의 전인적 인격이 빛을 발할 환경이 이미 주어져 있습니다.

🕊 808_ 멜라니는 다방면에 인문학적 교양이 있으며 피아노도 제법 치고(잘 침) 게다가 노래도 제법 잘하고(참고로 스칼렛은 음치라고) 투철한 봉사정신은 두말하면 잔소리에다 사람들과 두루두루 친하기에, 각양각색의 단체들로부터 환영을 받습니다. 아니 그쪽에서 알아서 모셔가죠.

미드 선생님, 설마…

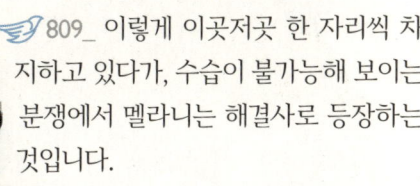

🕊 809_ 이렇게 이곳저곳 한 자리씩 차지하고 있다가, 수습이 불가능해 보이는 분쟁에서 멜라니는 해결사로 등장하는 것입니다.

810_ 소설에서 군인 묘지의 제초를 쟁점으로 '전몰영웅묘지단장회'와 '희생자가족지원재봉회'가 정면충돌하는 장면이 나오죠. 멜라니가 튀어나와 의견을 제시합니다. 사리에도 맞는 것 같고, 무엇보다 사람들이 멜라니를 좋아하기에, 그렇게 하자고 결론이 납니다. 그렇게 결론이 나면 대체 왜 싸웠나 싶죠.

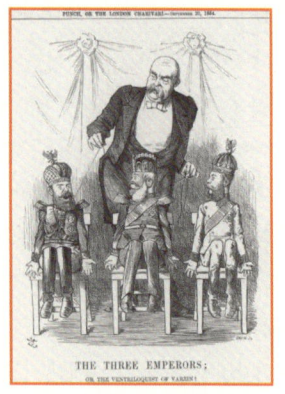

만평 <세 황제 또는 복화술사 (비스마르크)>
☞ 비스마르크는 능란한 외교력으로 유럽 국가들을 조종했다.

811_ 그리고 나서 멜라니는 아예 두 단체의 서기secretary직을 맡게 되지요. 단체들의 행정적 결정권이 멜라니 책임서기 동지에게 위임된 것. 이렇게 멜라니는 위임된 권한으로 단체들을 열심히 재조직하죠. 가령 애틀랜타의 이런저런 연주단체들을 모아 오케스트라(회장은 물론 멜라니)를 만든다거나.

812_ 그렇습니다. 당 권력을 장악하려면 무엇을 해야 합니까? 프라우다◆에서 아무리 떠들어 봤자 소용이 없어요! 서기국을 장악해야죠!

◆ 프라우다는 러시아어로 '진리'를 뜻한다. 1912년 5월 5일 상트페테르부르크에서 혁명세력의 기관지로 창간된 이래 1991년 소비에트 연방의 붕괴 이전까지 공산당의 기관지였다.

스탈린 전 소련 공산당 서기장

813_ 인구 2만 명의 애틀랜타는 사람들이 서로 다 아는 사이인, 우리의 기준으로는 여전히 작은 도시입니다. 그런데 이 애틀랜타를 장악하면 인구 100만 명의 조지아에 대한 적어도 상당한 장악력이 생기는 셈인데, 그곳이 남부 산업과 철도교통의 심장이기 때문이죠. 한국사람은 서울에 살지 않아도 서울에 들르기 마련입니다.

1880년대 애틀랜타 피치트리 거리

814_ 멜라니 동지의 방식은 대중정치를 요구하는 현대 자유주의국가의 정치체계에 그리 적합한 방식은 아니겠어요. 여기서 멜라니의 대단한 일면이 또 하나 드러나는데….

지지자들에게 화답하는 빌 클린턴 미국 전 대통령

트로츠키
러시아 혁명가

815_ 똑똑하고 말 잘하는 사람은 조용하게는 못 있는 법입니다. 자아도취에 빠지기도 쉽죠. 그렇게 여기저기, 권력과는 무관할 일에까지 일일히 잘난 척을 하고 다니다 원망을 사기 마련이죠. 우둔하거나 굼뜬 사람들로부터.

816_ **품성**이 중요한 좁은 사회에서 이것은 권력획득에 치명적입니다!

남부 전체에 대포 공장 하나가 없다는 소리죠, 해밀턴 씨!

817_ 그래서인지 배후 조직가 유형(가까운 예로 이석기)을 보면, 아예 처음부터 말재주가 영 별로였던 경우가 많기도 하지요. 하지만 멜라니의 말발은 절대 약하지 않습니다. 단지 자제력이 뛰어날 뿐이었죠! 멜라니 동지의 브레이크는 세상에서 제일 강력합니다.

너까지 총에 맞으면 어머니는 어떻게 되겠어?

818_ 멜라니 동지가 절정의 행정능력을 발휘한 합주단은 너무도 성공적이어서, 그것의 정기연주회는

심지어 뉴욕이나 뉴올리언즈의 프로페셔널보다 낫다는 평을 받지요. 애틀랜타가 승리했습니다! 뉴욕에! 북부에. 책임서기 동지의 **지도력**이 입증된 것이죠!

819_ 뭐 여담이지만 아주 가까운 곳에 이렇게 예술공연의, 그 경우에는 연극의 흥행으로 능력(?)을 인정받고 결국… 최고위에 오른 사람이 하나 있는데, 그 사람이 그랬다는 사실은 몰라도 그 인간 자체가 있었다는 사실은 다들 알고 계시죠. 바로 이 양반입니다.

김정일 북한 전 국방위원장

820_ 김정일 씨의 절망적인 국가-령도(국가원수가 히키코모리라니 이럴 수가!)에서 우리는 무엇을 발견하게 되는 걸까요. 그렇습니다, 인문학이란 역시 유해한 것입니다. 그중에 제일 유해함은 문학이라고 성서에 쓰여 있었던 것 같습니다.

〈뉘른베르크 연대기〉의 삽화
☞ 알렉산드리아 대도서관의 장서들이 불타고 있다.

821_ 하여튼 멜라니는 연주회의 성공을 발판으로 다른 조직들도 접수, 또는 다른 조직들이 알아서 접수당하기 시작합니다. 멜라니는 일약 조지아에서 가장 중요한 인물 중 하나가 되지요. 멜라니의 나이 23세 혹은 24세쯤의 일. 그야말로 정치계의 알렉산드로스입니다.

<이소스 전투의 알렉산더>

822_ 여기서 메리웨더 부인이 다소 코믹하게 그려지는데, 멜라니를 일 잘하는 착하고 얌전한 후배로 생각해서 **실권**을 주었다가, 아차 하는 순간 2선 원로로 밀려나게 된 것. 서기라고 하면 그거 뭐 잡일하는 따까리 아니냐 하기 쉽지만, 그것이 바로 실권입니다.

달린 메리웨더, 날 비난하지 마

마키아벨리

823_ 글쎄요, 앞서도 마키아벨리 이야기가 나왔습니다만, 마키아벨리도 명료하지는 않지만 앞서와 비슷한 말을 하죠. 군주라면 어떤 권력은 부하에게 줘서는 안 된다는 것. 마키아벨리의 경우는 형벌권이죠. 행정권은, 특히 인사권은 당연한 이야기겠지만 절대로 주면 안 되겠죠.

몽테스키외
☞ 18세기 프랑스 정치 사상가. 저서 <법의 정신>에서 최초로 행정, 입법, 사법의 삼권분립을 제안했다. 미국의 정치 제도는 몽테스키외에게 큰 영향을 받았다.

824_

> 음…? 절대군주를 약화시키려면 사법권을 뺏으면 되겠군?

스탈린 전 소련 공산당 서기장

825_ 역사에 관심이 많으신 분들이라면 시종장이라든가 그런 행정서기가 결국 전권을 장악하게 되는 경우를 보셨을 겁니다. 멜라니와 가장 비슷한 케이스는 물론 스탈린. 미첼은 어쩌면 스탈린에게 쫓겨나온 트로츠키의 저서들을 읽었을지도 모르죠.

826_ 여담이지만 소설에서 메리웨더 부인은 애틀랜타 여성계의 어엿한 1세대 프론티어입니다. 역시 여성인 멜라니의 성공(?)은 그것에 어느 정도 빚지고 있지요. 미첼은

> 그렇죠, 그렇죠!

메리웨더 부인을 '로마시대에나 있을 여장부'로 묘사하는 등 주인공을 높이기 위해 조연의 능력치를 함부로 깎지 않습니다.

🕊 827_ 멜라니는 남부사회의 주요인사가 되었지만, 솔직, 소박, 겸손, 성실 그리고 용감의 **품성**적 모범은 잊지 않습니다. 애초에 그것 때문에 딴 권력이기도 하지만요.

미드 선생이
들어와도 좋대요

🕊 828_ 잠깐만, 솔직? 멜라니는 뛰어난 거짓말쟁이가 아니냐고요? 맞습니다. 하지만… 바로 그것입니다. 거짓말인지 아무도 모르잖아요!

- 오, 천만다행이네
- 놀랄 일도 많아, 정말

🕊 829_ 지도자의 모범은 말 그대로 **본보기**가 되어 최면적 효과를 불러일으키게 되죠. 우리가 부모나 연예인에게 보이는 그런 추종자적 감정을 정치인에게 갖게 된단 말씀. 이제 멜라니는 사람들을 빨아들이

아우구스투스

히틀러로 분장한 채플린

케말 파샤 터키 초대 대통령(왼쪽)과 스탈린 찬양 포스터(오른쪽)

는 블랙홀이 되기 시작합니다. 이것을 NL동무들은 수령론이라고 하죠. 넘어가면 안 됩니다.

830_ 미드 박사가 자기가 무슨 세례 요한마냥 멜라니에게 **"당신이야말로 남부의 정신이오."**라고 말하는 대목이 그 정점이겠는데요. 소설은 심각하게 탈정치적인 스칼렛의 시선에 맞추기 때문에 이런 도취감이 오히려 잘 안 드러나죠. 그래서 역설적으로 정치광인들이 멀쩡해 보이는 효과가 있고요.

찰스턴에서 온 우리의 친구.

831_ 멜라니는 이렇게 **새 사회의 지도자**가 된 것입니다. 이것은 분명히 새로운 사회New Society죠.

832_ 소설에서 말하는 남부의 전통은 농업사회의 것으로서, 대지주들의 사교파티와 그 이면에 가려진 흑인들의 노예노동에 있었지, 멜라니 같은 행정가의 조직운영에 있는 것은 아니었지요.

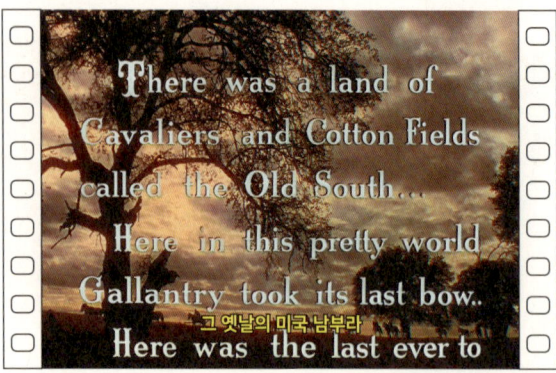

833_ 멜라니는 겉으로 드러나는 사회단체들 말고도, 다른 조직들을 거느리고 있음이 소설에서 암시됩니다. 암시가 아닌 증거로써 충분히 입증할 수 있는 경우도 있고요. 이 점도 나중을 위해 남겨놓도록 합시다.

834_ 품성론 비판에서 언급한 부분과 통하는 내용일 텐데, 멜라니가 구성한 조직(들)은 여러 가지 특성이 있습니다. 먼저, 전체 조직이 멜라니라는 핵심에 따라 굴러가기는 하는 것 같은데, 안에서 구체적으로 어떻게 의사결정이 일어나는지 알 수가 없지요. 외부자는 물론이고 구성원들도 잘 모를 겁니다.

1935년경의 소연방 지도자들

스탈린 소련 전 공산당 서기장

835_ 누가 어떤 방식으로 결정을 했는지 모른다는 것은, 그렇죠. 결정권자가 그 결정에 책임을 지지 않아도 됩니다. 게다가 결정권자는 어떻게 추대(?)됐습니까? 품성의 탈을 쓴 정치질이었죠. 품성 1짱은 계속 품성 1짱입니다. 대안이라는 게 존재할 수 없죠.

836_ 가장 유별난 특성은 아마 누가 **지도자**인지도 밖에서는 잘 모를 거라는 점일 텐데요. 비밀이 밝혀지면 사람들은 모두 놀라게 되죠. '아니 뭐라고??????'가 아니었나요? 이석기가 통진당의 막후조종자라는 말을 들은 우리의 심정은?

이석기 전 국회의원

837_ 멜라니 해밀턴의 경우는 사람들이 놀라지도 않겠죠. 아무도 안 믿을 테니까요. 이 정도로 주저리주저리 이야기를 쌓아와야 비로소, 멜라니가 문자 그대로 **새로운 사회의 지도자**임이 조금은 실감나는 법이겠어요.

838_ 정치에서, 그리고 조직을 어떤 방식으로 운영하든지, 필수적인 것이 하나 있으니, 그리고 그것은 중요하면서도 외부자가 알기 어려운 것이니, 그렇습니다, 바로 돈이죠. 공식적으로는 정치자금이고 비유적으로는 실탄이며 속어로는 오까네… 인 것.

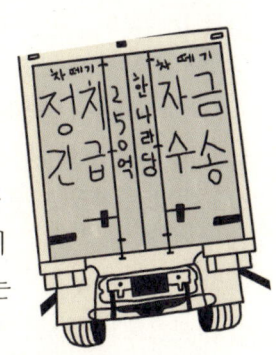

839_ 멜라니의 가장 중요한 자금줄인지는 모르겠지만 하여튼 무시할 수 없는 고정자금의 출처를 독자들은 알죠. 바로 스칼렛입니다.

840_ 스칼렛은 떼돈을 벌고 있었습니다.

좋아요.
약간만 옆으로 밀어요.

841_ 저는 돈 이야기가 자주, 집요하게 나올수록 모범적인 소설에 가깝다는 편견을 갖고 있는데, <바람과 함께 사라지다> 역시 그렇습니다. 이걸로 자기계발서를 하나 써도 괜찮지 않을까 싶은데, 제목은 '성공하는 스칼렛의 7가지 습관' 정도면 어떨까 싶네요. 아니면 '부자 스칼렛 가난한 멜라니…?'

842_ 스칼렛은 유능한 비즈니스맨으로, 그에 필요한 자질을 빠짐없이 갖추고 있어요. 결단력과

843_ 열정과

844_ 적극성은 무릇 기본이죠. 이것들은 사회가 여성들에게 요구하는 미덕과는 거리가 멀지만… 아니 정반대지만, 스칼렛은 그런 것 따위는 신경 쓰지 않기로 합니다.

845_ 반면 자신이 여성이기에 우월했던 재능들은 알뜰하게 써먹으며 스칼렛은 남자들을 쳐부수고 다니죠.

846_ 스칼렛은 일명 감정노동, 곧 자신의 속마음과 다른 감정을 표시하는 작업에 매우 능합니다. 여성들은 감정노동에 능하도록 사회화되기 때문이라고 미첼은 설명하죠.

847_ 스칼렛은 누가 호구인지 정확히 파악해 가격을 후려치는 재주도 갖추고 있죠. 이것 또한 타인의 심리를 이해하는 작업이 여성들에게 평소 강하게 요구되기 때문.

848_ 스칼렛은 감성마케팅에도 능하죠. 역시 **가부장제는 너희에게 복수를 하러 왔어**입니다.

1880년대 중반의 파예트빌 아카데미

849_ 그런데 스칼렛의 성공에는 이런 것 말고도 어떤, 다른 독특한 원인이 있습니다. 스칼렛은 부잣집 아가씨라 정식교육을 받았죠. 그 근방의 파예트빌 여학교 출신이라는데, 멜라니도 여기를 다녔는지는 불명.

850_ 스칼렛은 지지리도 공부를 안 하는 학생이었습니다. 당연히 성적도 형편없었죠. 단 한 과목을 제외하고는. 그리고 그 과목에서 어떤 인간이 가지는 특수한 재능이 드러나지요. 그 과목은 바로…

◆ 중국중앙방송 드라마 <수호전>의 명대사. 방영 당시 한국어 자막마저 공부 따위이 아닌 따'윈'으로 적혀, 정말 공부 안 하는 영웅적인 느낌을 주었다.

영웅은 공부 따윈 안 한다네.◆

2차 파생작들
영화, 드라마, 연극, 뮤지컬

    1939년의 영화가 그토록 성공적이지 않았다면, <바람과 함께 사라지다>에게는 여러 다른 영상화 버전들이 있었을 터. 영화로든, 아니면 TV시리즈로든 말이죠.

    그랬다면, <제인 에어>나 <오만과 편견>처럼, 미첼의 소설 역시 10년이나 20년 단위로 리메이크되었을 것입니다. 그때마다, 실제 1939년의 역사에서 그랬던 것처럼, 모든 '백인' 여배우들이 스칼렛 자리를 노렸겠죠. 어쩌면, 어느 뛰어난 각본가가 흑인 스칼렛이나 아시아인 스칼렛을 창조해냈을지도 모르겠군요. 어쨌든 각본가에게는 어려운 작업이었을 겁니다. 인종차별 문제는 물론, 분량을 더(!) 줄이는 것 역시 쉽지 않았을 테죠.

    어떻게 생각하면, 너무 완벽한 영화화가 영상적 재해석의 다른 가능성들을 오히려 제약한 것도 아닌가 싶군요. 그런 완벽함이 낳은 여러 측면들이 이 책을 가능하게 했어요. 어쨌든 오늘날의 기준에서 등장인물을 캐스팅해보는 상상은 즐겁습니다. 저는 로버트 다우니 주니어가 꼭 레트 버틀러가 되었으리라고 생각합니다.

    한편 <바람과 함께 사라지다>는 뮤지컬로 즐겨 각색되었습니다. 다카라즈카(일본의 여성 가극단)에서 공연하기도 했다네요. 한국에서도 가깝게는 2018년에 뮤지컬이 상연되었습니다. 김보경과 바다와 루나(2015년에는 서현과 바다)의 나름 호화 캐스팅.

앞서 말씀드렸던 것처럼, 연극 <달빛과 목련>이 영화제작 과정에서의 소동을 테마로 하고 있습니다. 이 연극의 주인공은 시나리오 작가 벤 헥트로, 이야기는 헥트의 성공으로 귀결되는데… 역사왜곡이다! 역사왜곡이다!

마거릿 미첼이 1949년에 교통사고로 사망한 이후, 저작권을 상속한 '마거릿 미첼 위원회'는 속편 소설을 공모했습니다. 속편 공모자 리스트에는 통속의 대가인 시드니 셸던도 있었답니다. 이 속편 공모에서 미첼 위원회는 조건을 걸었는데, 성묘사가 노골적이지 않을 것, 동성관계를 묘사하지 않을 것, 두 가지였습니다. 이것은 역으로 원작이 지극히 동성애적인 작품임을 암시하죠.

마치 너 오늘 땡땡이 치기만 해 봐! 라고 경고하는 선생님과 같은 거라고나 할까요. 얌전히 교실에만 앉아 있는 학생한테 그런 말을 할 리가. 어쨌든 첫 '공식' 속편이 출시된 때는 1991년. 알렉산드라 리플리가 쓴 <스칼렛>이 바로 그것입니다.

본편 <바람과 함께 사라지다>의 사건은 기본적으로 [스칼렛이 나쁜 짓을 저지름 ☞ 누군가가 불행해짐 ☞ 레트가 놀리면서도 스칼렛을 도와줌 ☞ 애슐리가 자책함 ☞ 멜라니가 덮어놓고 스칼렛을 편듦]의 구조를 갖습니다. 그런데 속편 스칼렛은 이 황금률을 전혀 따르지 않으니, 일단 스칼렛이 나쁜 짓을 도무지 저지르지 않습니다!

즉 이 속편에서는 독자들이 기대하는 사건이 사실상 존재하지 않습니다. 그 대신 등장하는 사건들에는 개연성이 없습니다.

그런데 길기는 또 엄청 길지요, 823페이지. 스칼렛이 스칼렛 같지 않고 레트도 레트 같지 않은 이 소설을 놓고 조지 R. R. 마틴은 '극혐abomination'이라고 평하기도. 하지만 한국의 독자층들에게 이 소설은 익숙한데, 플라톤도 번역되지 않던 시절에 이미 번역되어 또 제법 팔렸기 때문.

이 <스칼렛>은 심지어 드라마화까지 되었는데요. 그럼에도 각국에 판권을 비싸게 팔아넘겼고 한국에서도 역시나 방영되었습니다. 기대에 차 TV 앞에 앉았던 시청자들이 배신감을 토로했다는 후문.

미첼 위원회의 두번째 속편은 <레트 버틀러의 사람들>. 이 소설은 반대로 (전작의 실패를 의식했는지) 지나치게 개연적인 소설입니다. 열심히 원작의 틈을 채우려 노력했지만—가령 애슐리를 잡으러 온 연방군 대위 톰 제퍼리는 레트와 옛날부터 알던 사이로 묘사됩니다—불필요한 설정들은 오히려 상상력의 여지마저 메워 버리죠. 가장 중요한 레트 버틀러의 캐릭터 역시 너무 앞뒤가 맞습니다. 그 특유의 신비감과 '배드 애스'스러움이 부족하죠.

다른 유명한 속편 작가는 앨리스 랜달입니다. 유모와 제럴드 오하라 사이의 사생아가 주인공인, 본편의 인종차별 엿먹어라! 라는 느낌의 패러디 소설을 썼죠. 미첼 위원회는 출간을 막으려 안간힘을 썼지만 법원에서 패배했습니다. 이 소란은 오히려 랜달의 책, <바람은 이미 사라졌다The Wind Done Gone>를 베스트셀러로 만들어주었다고 하네요.

출처

23	섬터요새 공방전. Currier & Ives. 1861년.
57	찰스 디킨스. Elbert Hubbard: Little Journeys to the Homes of the Great, Vol. 1 of 14, New York. 1916년.
59	애틀랜타. 1860년대.
65	조지아 철도. 1890년대.
75	뉴욕 브로드웨이. 1860년경.
79	남부 정치인들. Harper's Weekly. 1861년.
105	니콜로 마키아벨리의 초상(일부). Santi di Tito. 16세기.
127	미국 민주당의 인종주의 선동 포스터. blackliberationlovenunity. 1869년경.
129	에이브러햄 링컨. Mathew Brady. 1864년.
130	링컨의 취임식. 1861년.
134	토머스 조너스 잭슨. 1863년.
135	제임스 롱스트리트. 19세기 중반.
136	로버트 리. Julian Vannerson. 1864년.
138	로버트 리. 1863년경.
147	북한 포스터. Ged Carroll. www.flickr.com. 2013년.
150	뉴욕에서 일어난 징병 반대 폭동. Harper's Weekly.1863년.
151	커티스 르메이. 미 공군 자료.
154	제퍼슨 데이비스. Mathew Brady. 19세기 중반.
156	프리드리히 대왕. Anton Graff. 1781년 또는 1786년.
157, 162	에이브러햄 링컨. Alexander Gardner. 1865년.
179	자유로부터의 도피, 에리히 프롬, 휴머니스트. 2012년.
190	제임스 롱스트리트. Mathew Brady. 1865년 이후.
191	게티즈버그전투. www.goodfreephotos.com
226	플로렌스 나이팅게일. Henry Hering. 1860년경.
233	시찰 중인 박정희 전 대통령과 구자춘 당시 서울시장. 헬로포토.
234	<숲속의 두 여자>. 고흐. 1882년.
235	도널드 트럼프 미국 대통령. Gage Skidmore. ww.flickr.com. 2016년.
239	<강철서신>. 김영환. 눈. 1989년.
257	대륙횡단철도. Andrew J. Russell. 1869년.
275	군수공장의 영국 여성 노동자들. Ministry of Information Photo Division Photographer. 1941년.
277	페트라셰브스키 서클의 가짜 처형식. 위키미디어.
280	<게티즈버그전투 중 피켓의 돌격>. 게티이미지뱅크
282	로버트 리 장군. John Paul Strain.
283, 644	조지 맥클렐런. Mathew Brady. 1861년.
284	율리시즈 그랜트. Brady National Photographic Art Gallery. 1860년대 초반.
285, 628	윌리엄 테쿰세 셔먼 장군. Mathew Brady. 1865년.
308	프레드릭 더글러스. George Kendall Warren. 1879년경.
310	<자유를 찾아 떠난 도망 노예>. 이스트먼 존슨. 1862년.
311	목판화 <냇 터너의 반란>. 1831년.
343	<미국사 산책 3> 2장 '링컨의 연방 구하기' 항목. 강준만. 인물과사상사. 2015년.
363	해티 맥대니얼. 1941년.
374	치첸이트사. mattiaverga, Pixabay.
408	Berlin - you are crazy. CHRIS CANDID. www.flickr.com. 2016년.

413	에드거 앨런 포. W.S. Hartshorn, Providence, Rhode Island. 1848년.
426	한국전쟁의 폭격 모습. 미 공군 자료사진. 1951년.
427	한국전쟁 당시 서울 모습. Capt. F. L. Scheiber. 1950년.
428	새마을운동. 한국정책방송원.
430	문화대혁명기 포스터. <好儿女志在四方>. 吳性清. 1964년.
431	<선전가의 체포>, 일리야 레핀, 1844년.
445	지그문트 프로이트. Max Halberstadt. 1921년경.
461	Happiest Season. 헬로포토.
488	승리의 여신상. David Dixon. www.geograph.org.uk.
501	표도르 도스토옙스키. Vasily Perov. 1872년.
506	<체사레 보르자>. Altobello Melone.
507	<괴터데메룽>. Max Brückner. 1894년.
525	영화 <여자들>, 조지 큐커. 1939년.
541	빅터 플레밍. Jon Doe. 1940년.
526	영화 <실비아 스칼렛>의 캐서린 헵번. 1335년.
534	올리비아 드 하빌랜드. John Mathew Smith & www.celebrity-photos.com from Laurel Maryland, USA. 2018년.
543	<로빈 후드의 모험>에서의 올리비아 드 하빌랜드. 1938년.
548	로스앤젤레스 전투. 《LA타임스》. 1942년.
551	영화 <캡틴 블러드>. 1935년.
553	오스카 시상식, 1949년.
554	영화 <To Each His Own>. 1946년.
569	'셔먼의 바다로의 행진' 작전 작전 전개도. Hal Jespersen. 2013년.
570	<셔먼의 바다로의 행진>. 알렉산더 헤이 리치, 1864년.
579	<체포되는 제퍼슨 데이비스>. FRANK LESLIE'S NEWSPAPER, 1865년.
580	<링컨에 환호하는 흑인들>. FRANK LESLIE'S NEWSPAPER, 1865년.
585	전쟁 개시에 환호하는 히틀러. Heinrich Hoffmann. 1914년.
601	<노예에 대한 채찍질>, Armistead, Wilson. 1853년.
623	트리니티 테스트. 미국 에너지부. 1945년 7월 16일.
624	기원전 5세기경 그리스 채색 토기에 그려진 아마조네스. 촬영 Marie-Lan Nguyen. 위키미디어. 2011년.
631	요한 반 메이런의 그림을 보는 사람들. 1930년대.
632	어린 시절의 마가릿 미첼. 마가릿 미첼 하우스 핀터레스트.
642	양키 고 홈. Frogsprog. 2007년. 위키미디어.
643	존 찰스 프리먼트. William Smith Jewett. 19세기.
647	노예해방선언문. 미국 내셔널 아카이브.
649	<노무현이 만난 링컨>. 노무현. 학고재. 2001년.
650	<링컨의 암살>. Currier and Ives. 1835년.
652	공화당 급진파의 앤드루 잭슨 탄핵>. Frank Leslie's Illustrated Newspaper. 1865년.
653	랄프 노덤. Lee District Democratic Committee. 2013년. 위키미디어.
658	고대 그리스 희극배우. 기원전 4세기.
667	<투표소의 흑인>. Thomas Nast. 1867년.
669	칼 마르크스. John Jabez Edwin Mayall.
670	<진로와 직업>. 성림출판사. 2015년.
679	남북전쟁 당시 북군의 흑인 병사들. 미국의회도서관.
682	전쟁 당시의 포로수용소. James Taylor. 1897~1898년.
698	<해방노예국>. Harper's Weekly. 1866년.

699	리치몬드 해방노예국 안의 흑인학교. Jas. E. Taylor. 1866년.
704	<사도 마태오>, 장 부르디숑. 16세기.
705	<예수의 성전 정화>. 칼 라인리히 블로흐. 19세기
711	<헨리 8세>, 한스 홀바인. 1540년.
728	<카펫배거>. Thomas Nast.
732	애니 케니와 크리스타벨 팽크허스트. 1908년경.
733	<리틀빅혼 전투>. Charles Marion Russell. 1903년.
796	볼셰비키들. Viktor Karlovich Bulla. 위키미디어. 1919년.
804	<바스의 커피하우스에서 싸움에 휘말린 닥터 신택스>. Thomas Rowlandson. 1815년.
810	<세 황제 또는 복화술사(비스마르크)>. 1884년.
812	스탈린. 1940년대.
813	1880년대 애틀랜타 피치트리 거리. 1882년.
814	지지자들에게 화답하는 빌 클린턴 미국 전 대통령. The U.S. National Archive.
815	레온 트로츠키 러시아 혁명가. 1936년경.
820	<뉘른베르크 연대기>의 삽화. 15세기.
833	마키아벨리. Cristofano dell'Altissimo. 16세기.
824	몽테스키외. 18세기.
829	아우구스투스. Vatican Museums.
829	<위대한 독재자>에서의 채플린. 1940년.
829	케말 파샤 터키 대통령. Bryce Edwards. www.flickr.com. 2004년.
829	스탈린 찬양 포스터. 1938년.
834	소련방 지도자들. 1935년경.
841	<성공하는 사람들의 7가지 습관>. 스티븐 코비. 김영사. 2003년.

_본문에서 사용된 자료는 저작권을 구입하고, 저작권에서 자유로운 자료를 사용하기 위해 노력하였습니다. 그럼에도 불구하고 부족한 부분은 글자와기록사이로 연락주시면 해결하도록 하겠습니다.

다시, 바람과 함께 사라지다 전편
스칼렛 오하라를 사랑하시나요?

초판 1쇄 인쇄 2020년 12월 20일
초판 1쇄 발행 2020년 12월 25일

지은이 현종희
펴낸이 이신재
펴낸곳 글자와기록사이
등록번호 2015.12.14. 제2015-000054호
주소 서울특별시 마포구 성미산로29길 33 1층
전화 02-6204-8064

이메일 letternrecords@gmail.com
홈페이지 www.letterandrecords.com
트위터 @letternrecords
페이스북 www.facebook.com/letternrecords
인스타그램 www.instagram.com/letternrecords

기획 최혜진
편집 김은경
그림 임희선
아트디렉팅·디자인 최혜진
디자인도움 손서연, 이수현
인포그래픽디자인 손서연
폴리곤아트 이수현
홍보·영상 김보경
마케팅 랜드오버
제작 제이케이프린팅

ⓒ 현종희, 2020

ISBN 979-11-957394-5-5 03680

· 이 책은 저작권법에 의해 보호를 받는 저작물이므로 무단 전재 및 복제(디지털포함)를 금합니다.
· 잘못된 책은 구입하신 서점에서 바꾸어 드립니다.
· 책값은 뒤표지에 표시되어 있습니다.
· 이 책은 환경친화적인 콩기름(Soy ink)으로 인쇄하였습니다.
· 본문에 아모레퍼시픽의 무료 나눔 글꼴인 '아리따 돋움' 서체를 사용하였습니다.